COMO FAZER AMIGOS & INFLUENCIAR PESSOAS na era digital

CB131333

COMO FAZER AMIGOS & INFLUENCIAR PESSOAS na era digital

DALE CARNEGIE
& ASSOCIADOS

com Brent Cole

Companhia Editora Nacional

Título original: *How to win friends & influence people in the digital age*
Copyright © 2011 by Donna Dale Carnegie
Copyright © Companhia Editora Nacional, 2011

Gerente Editorial: Silvia Tocci Masini
Editor: Isney Savoy
Assistente Editorial: Pedro Cunha
Tradução: Antonio Carlos Vilela
Revisão: Edgar Costa Silva
Coordenação de Arte: Márcia Matos

Dados Internacionais de Catalogação na Publicação (CIP)
(Câmara Brasileira do Livro, SP, Brasil)

Cole, Brent
Como fazer amigos e influenciar pessoas na era digital / Brent Cole ; [tradução Antonio Carlos Vilela]. -- São Paulo : Companhia Editora Nacional, 2011.

Título original: How to win friends and influence people in the digital age
"Dale Carnegie & Associates".
ISBN 978-85-04-01775-5

1. Comunicação interpessoal 2. Influência (Psicologia) 3. Relações interpessoais 4. Sucesso I. Título.

11-11914 CDD-158.2

Índices para catálogo sistemático:
1. Influência : Comunicação interpessoal : Psicologia aplicada 158.2

1ª edição - São Paulo - 2011
Todos os direitos reservados

Companhia Editora Nacional

Av. Alexandre Mackenzie, 619 – Jaguaré
São Paulo – SP – 05322-000 – Brasil – Tel.: (11) 2799-7799
www.editoranacional.com.br editoras@editoranacional.com.br
CTP, Impressão e acabamento IBEP Gráfica

Cópia não autorizada é crime
ABDR
Respeite o direito autoral
EDITORA AFILIADA

Sumário

Parte 4

Como conduzir a mudança sem resistência nem ressentimento

Por que o conselho de Carnegie ainda é válido

Em 1936, Dale Carnegie fez uma declaração pungente aos seus leitores: "Lidar com pessoas é provavelmente o maior desafio que enfrentamos". Essa é a base de *Como fazer amigos e influenciar pessoas*, e ainda hoje é verdadeira. Contudo, o desenvolvimento de estratégias para lidar com pessoas é algo complexo.

As mensagens são instantâneas. Os meios de comunicação multiplicaram-se. Os relacionamentos expandiram-se para além das fronteiras, indústrias e ideologias. Ainda assim, em vez de tornar os princípios deste livro obsoletos, essas grandes transformações fazem com que os princípios de Dale Carnegie sejam mais relevantes do que nunca. Eles representam a base de toda estratégia sólida, quer você esteja promovendo uma marca, desculpando-se com sua cara-metade ou vendendo uma ideia para investidores. E se você não começar com a base certa, será fácil passar a mensagem errada, ofender alguém ou simplesmente não atingir seu objetivo. "A precisão da comunicação", enfatizou o escritor americano James Thurber, "é importante, mais importante do que nunca, na nossa era de equilíbrios instáveis, quando uma palavra falsa ou incompreendida pode criar tanta calamidade quanto um ato impensado."[1]

Pense na era de equilíbrios instáveis que vivemos hoje, mais de cinquenta anos depois que Thurber cunhou sua frase. As apostas estão mais altas. Em meio ao amálgama de meios, a diferenciação é mais difícil. Cada palavra, cada sinal não verbal, cada olhar silencioso é examinado de forma sem precedentes. Uma ação errada pode ter grandes implicações. Mesmo assim, cada interação, desde o primeiro bom-dia até o último boa-noite, é uma oportunidade para fazer amigos e influenciar pessoas de modo positivo. Aqueles que conseguem fazer isso diariamente levam vidas bem-sucedidas. Mas esse tipo de sucesso tem um preço filantrópico que algumas pessoas não desejam pagar. A situação não é tão simples como saber se promover ou usar as redes sociais.

"A arte da comunicação é a linguagem da liderança", disse James Humes, redator de discursos presidenciais.[2] Em outras palavras, as competências de relacionamento pessoal com poder de influenciar os outros dependem tanto do mensageiro – algum tipo de líder – quanto do meio utilizado. Este livro irá lhe mostrar como e por que isso é verdade, assim como já mostrou para mais de cinquenta milhões de leitores em todo o planeta, incluindo líderes mundiais, destaques da mídia, ícones dos negócios e escritores de sucesso. Todos esses leitores compreenderam que não existem interações neutras. Você sempre deixa alguém um pouco melhor ou um pouco pior.[3] Os melhores de nós sempre deixam os outros um pouco melhores com cada aceno, inflexão ou interação. Esta única ideia, incorporada ao cotidiano, produz resultados significativos.

Claro, ela irá melhorar seus relacionamentos e aumentar sua influência sobre os outros. Mas isso acontecerá porque o exercício diário desse princípio extrairá de você maior energia moral e compaixão. Não somos todos movidos por altruísmo?

"Você conseguirá fazer mais amigos em dois meses ao se interessar pelos outros do que em dois anos tentando fazer as pessoas se interessarem em você." Essa afirmação de Carnegie permanece relevante, embora possa não ser intuitiva, pois ela nos lembra que o segredo para o progresso com as pessoas é um punhado de abnegação misturado à correnteza da era digital.

Vivemos em uma era de autopromoção e autointeresse sem precedentes. Vídeos do YouTube, como o *Double Rainbow*, tornam-se virais em poucas semanas e atraem um tipo de atenção global que as pessoas se matavam durante anos ou décadas para obter. Nós testemunhamos vídeos de sexo supostamente vazados criar celebridades da noite para o dia. Assistimos a apresentadores de tevê e políticos arrasarem seus adversários e assim elevarem seus índices de popularidade. Somos diariamente levados a acreditar que a melhor estratégia de publicidade é uma mistura de golpes publicitários e piadas disparados através dos meios com maior capacidade viral. A tentação é grande demais para muitos. Mas para aqueles que compreendem o básico das relações humanas, existe uma forma muito melhor, muito mais respeitável e sustentável de atuação.

Conquanto o autointeresse e a autopromoção não sejam metas inerentemente ruins, sempre surgem problemas quando apenas a autorrealização é o que nos move. Você é um em sete bilhões; seu progresso não deve servir apenas a você.

Quanto antes você permitir que essa verdade molde as suas decisões de comunicação, mais cedo você perceberá que o caminho mais rápido para o crescimento pessoal e profissional não é o de se promover para os outros, mas sim o de se compartilhar com eles. Nenhum outro autor apresentou esse caminho tão claramente quanto Dale Carnegie. E talvez nem ele tivesse imaginado como o caminho da colaboração significativa se tornaria, hoje, uma autoestrada de influências duradouras e lucrativas.

Mais do que comunicação inteligente

Ainda que a alta frequência das nossas interações tenha tornado as competências interpessoais mais vantajosas do que nunca, as pessoas influentes devem ser mais do que comunicadores astutos.

A comunicação é, simplesmente, a exteriorização de nossos pensamentos, nossas intenções e conclusões sobre as pessoas à nossa volta. "A boca fala daquilo de que o coração está cheio."[4] Esses motores internos fazem a diferença entre os líderes e os sanguessugas de relacionamentos.

Os dois níveis mais elevados de influência são conquistados quando: (1) as pessoas seguem você por causa do que você fez por elas e (2) as pessoas seguem você pelo que você é. Em outras palavras, os maiores níveis de influência são alcançados quando generosidade e confiabilidade dominam o seu comportamento. Esse é o preço de um impacto grande e sustentável, quer envolva duas pessoas ou dois milhões. Ainda assim, somente quando a generosidade e a confiança são comunicadas com habilidade e autenticidade é que os benefícios são mútuos.

Como vivemos em uma era em que a influência de celebridades pode ser emprestada como uma linha de crédito e conquista-se a cobertura da mídia com qualquer barulho, é crítico que façamos valer toda oportunidade de comunicação – que cada meio usado veicule mensagens que criem confiança, transmitam gratidão e acrescentem valor para os destinatários. Uma coisa não mudou desde o tempo de Dale Carnegie: existe uma distinção clara entre a influência que se toma emprestada (e é difícil de manter) e a influência que se faz por merecer (e é estável como o eixo da Terra). Carnegie foi o mestre da influência que se faz por merecer.

Reflita sobre alguns de seus princípios fundamentais: não critique, condene ou reclame; fale sobre os interesses dos outros; se você estiver errado, admita; deixe que os outros salvem suas peles. Tais princípios não irão transformar você em um interlocutor sagaz ou em um contador de histórias envolvente. Eles lembram que você deve considerar as necessidades dos outros antes de falar. Esses princípios encorajam você a tratar de assuntos difíceis com delicadeza e honestidade. Eles estimulam você a se tornar um cônjuge, gerente, vendedor, pai ou mãe mais gentil e mais humilde. Resumindo, esses princípios desafiam você a conquistar influência na vida dos outros não através de manipulação ou atos espetaculares, e sim por meio de um hábito genuíno de expressar mais respeito, empatia e delicadeza.

Sua recompensa? Amizades duradouras. Transações confiáveis. Liderança arrebatadora. E, em meio ao abundante egocentrismo atual, uma marca registrada muito distinta.

Este livro foi chamado de o maior best-seller de autoajuda de todos os tempos. De um ponto de vista moderno, essa classificação é imprópria. Autoajuda não era uma expressão usada por Carnegie. Esse foi o apelido dado ao gênero criado pelo enorme sucesso de *Como fazer amigos*. A ironia é que Carnegie não endossaria os conselhos da autoajuda atual. Ele enaltecia a ação que resultava de um interesse genuíno nos outros. Ele ensinou princípios que emanavam de um prazer subjacente em ajudar os outros a terem sucesso. Fosse o livro reclassificado, *Como fazer amigos* seria mais adequadamente considerado o maior best-seller de ajuda à alma do mundo. Pois ele é a base espiritual da Regra de Ouro[5] que Carnegie tão bem soube extrair.

Assim, os princípios de Carnegie são mais do que muletas de autoajuda ou autopromoção. Eles são estratégias elevadas para um progresso duradouro e lucrativo em suas conversas, colaborações e em sua companhia. As implicações são significativas.

Ao aplicar os princípios você não se tornará apenas uma pessoa mais envolvente, com maior influência na vida dos outros; você realizará um objetivo filantrópico todos os dias. Imagine esse efeito multiplicado pelas dezenas de interações diárias proporcionadas pela Era Digital. Imagine o efeito obtido se dezenas de pessoas de uma empresa fizerem o mesmo. Fazer amigos e influenciar pessoas, hoje, não é pouca coisa. Dentro do conjunto de oportunidades, essa é a maior e a mais constante para se fazer progressos sustentáveis com os outros. E que sucesso não começa com relacionamento?

Primeiro, o lado pessoal

A comunidade de negócios tende a desdenhar das competências interpessoais[6], como já foram chamados os princípios de Carnegie. Parece que algumas pessoas julgam essas habilidades, na melhor das hipóteses, como complementares às competências técnicas. Isso é um atraso. Uma mudança permanente de paradigma é necessária se você deseja obter o máximo de suas interações e deste livro.

Competências interpessoais como compaixão e empatia levam competências técnicas como programação, operação e projeto a um nível raro de eficiência. Como? Competências interpessoais possibilitam às competências técnicas produtividade operacional, sinergia organizacional e importância comercial porque tudo isso requer um sólido comprometimento humano. Será que o gerente, tecnicamente competente, que fica debruçado sobre relatórios na obscuridade vale mais do que o gerente, também tecnicamente competente, que passeia entre seus funcionários, é conhecido, visto e respeitado por todos? Enquanto o primeiro pode ter sucesso por algum tempo graças à hierarquia, sua capacidade de influência é defeituosa, porque sua autoridade não lhe foi investida por seus funcionários. Sua influência é só uma fachada com vida útil muito curta.

Em seu livro *Derailed* (descarrilhado) o psicólogo corporativo Tim Irwin detalha a ruína de seis eminentes CEOs ao longo da última década. Cada fracasso foi acionado pela incapacidade desses executivos em interagir de modo claro e sincero com seus empregados. Em outras palavras, cada descarrilhamento foi resultado de um excedente de competência técnica combinado com um *deficit* de competências interpessoais. Habilidade corporativa menos influência envolvente. As falhas desses executivos foram públicas, mas quando acontece conosco elas também são bastante evidentes.

Nós perdemos a confiança de amigos, familiares e seguidores quando trilhamos o caminho do sucesso relacional sem alimentarmos a essência dos relacionamentos – a atenção às necessidades humanas.

O que faz com que tantas pessoas bem-intencionadas não entendam isso? Talvez a natureza etérea das competências interpessoais nos desencaminhe. Podemos nos apoiar unilateralmente no que é mensurável. As competências técnicas podem ser testadas, ensinadas e transferidas. A maioria dos livros de administração é escrita com isso em mente porque é possível aferir com precisão o progresso das competências técnicas – individual e corporativamente – através de gráficos, métricas e relatórios.

Não é o mesmo com as competências interpessoais. Pode ser difícil reduzi-las a números. Elas frequentemente são confusas e apenas quantificáveis *grosso modo*, através de respostas melhores e relacionamentos melhorados. Mas não são essas as melhores medidas de todas? De que serve uma lista de realizações se elas levaram a um retrocesso relacional? Qualquer progresso escorado na autopromoção e na autoindulgência não irá durar.

Em escala menor, nós mantemos amigos cujas ações constantemente demonstram que o relacionamento é a respeito deles? Quando descobrimos que o comportamento de uma pessoa tem segundas intenções, ela passa a ter menos influência sobre nós do que alguém que só encontramos uma vez. O relacionamento está condenado, a menos que ela confesse e mude de atitude. Ainda assim, sempre restará um resíduo de ceticismo.

Em escala maior, nós permanecemos leais a marcas que com frequência demonstram falta de habilidade ou de vontade em suprir nossas necessidades e nossos desejos? Já se foram os dias em que a maioria das companhias dizia aos consumidores o que eles precisavam. Nós vivemos em uma época em que os consumidores tomam a maioria das decisões sobre design, manufatura e marketing. Ser verde já foi uma campanha publicitária pequena e bem-intencionada para um punhado de produtos. A voz coletiva dos consumidores transformou a necessidade de ser verde em um mantra obrigatório do marketing das empresas.

Indivíduos e empresas insensíveis ao sucesso das competências interpessoais estão perdidos atualmente.

Alguns insistem que não se pode ensinar o instinto por trás das competências interpessoais. É verdade se a abordagem dessas competências for feita com a metodologia das competências técnicas. Carnegie não cometeu esse erro. Ele descobriu que os instintos altruístas não emergem de inteligentes estratégias passo a passo, mas do exercício sincero do interesse e da compaixão. Quando nos comportamos de modo a ajudar e influenciar positivamente os outros, alcançamos um profundo poço de inspiração, significado e recursos.

Somos todos programados com o desejo por comunicação honesta – queremos compreender e ser compreendidos. Além disso, desejamos uma relação autêntica – sermos conhecidos, aceitos e valorizados. E, mais, ansiamos por uma colaboração bem-sucedida – trabalhar em conjunto por uma conquista significativa, seja um sucesso comercial, uma vitória corporativa ou a longevidade relacional. O cume do sucesso está situado entre a autêntica ligação humana (conquistar amigos) e o impacto progressivo e significativo (influenciar pessoas). "Não pode haver alegria", concluiu o aviador e escritor francês Antoine de Saint Exupéry, "a não ser nas relações humanas."[7]

Como se pode acessar essas competências elevadas que alimentam a comunicação efetiva, a ligação significativa e a colaboração progressiva?

Primeiro, precisamos nos lembrar que os sucessos relacionais, hoje, não são medidos através dos meios – quais usar e quantos amigos, fãs e seguidores alguém consegue acumular. Eles são medidos através do significado. Torne-se sincero em suas interações e o caminho para o sucesso em qualquer empreitada será mais simples e muito mais sustentável. A razão? As pessoas notam. As pessoas se lembram. As pessoas ficam tocadas quando suas interações com você as deixam um pouco melhores.

A sinceridade comanda a efetividade de todo meio. Quando você tem algo sincero para oferecer, pode então escolher os meios mais eficazes para se comunicar. Contudo, quando se põe o meio antes do significado, sua mensagem corre o risco de se tornar, nas palavras de Macbeth, "uma história contada por um idiota, apaixonada e barulhenta, mas sem sentido."[8] O advento dos tweets e das atualizações de status, ainda que forneça meios práticos de manter uma ligação com amigos, familiares e colegas, criou uma avalancha apaixonada e barulhenta. Mas não são apenas as mensagens de 140 caracteres ou menos que correm o risco de perder o sentido. Qualquer meio que conduza uma mensagem sem significado não atingirá seu intento.

Um anúncio de televisão. Um comunicado interno. Um e-mail comercial. Um cartão de aniversário.

Com tão poucos meios disponíveis em sua época, Carnegie não precisou se preocupar com essa questão. Ele se concentrou em como se comunicar pessoalmente, pelo telefone e através de cartas. Hoje, devemos considerar meticulosamente tanto os significados quanto os meios das nossas mensagens.

Conselho simples para ter sucesso com as pessoas hoje

"Verdades simples", escreveu o ensaísta francês Vauvenargues, "são um alívio frente às grandes especulações."[9] A razão pela qual *Como fazer amigos e influenciar pessoas* continua um best-seller até hoje, movimentando mais de 300 mil unidades apenas nos EUA, é que seus princípios são simples e atemporais. Os ensinamentos subjacentes são diretos e transcendentes. Desde o início do primeiro curso de Dale Carnegie sobre o assunto, em 1912, suas verdades simples têm iluminado os caminhos mais efetivos para nos tornarmos o tipo de pessoa que os outros procuram em busca de opiniões, conselhos e liderança.

Portanto, se existe uma oportunidade em reescrever esse volume clássico, ela não está na tentativa de superar seus conselhos. As palavras que povoam as páginas diante de você estão em um contexto diferente: reposicionar os ensinamentos de Dale Carnegie para uma era totalmente diferente – os mesmos princípios atemporais vistos através de lentes modernas e aplicados com uma mentalidade digital e global. As oportunidades de fazer amigos e influenciar pessoas, hoje, são exponencialmente maiores do que à época de Dale Carnegie. Mesmo assim, quando se analisam essas oportunidades, os números pouco importam, porque "o universo inteiro, com uma insignificante exceção, [ainda] é composto pelos outros".[10]

É verdade, escreve Tom Butler-Bowdon, autor de *50 Clássicos de autoajuda*, a respeito de *Como fazer amigos*, que "...há uma estranha inconsistência entre a falta de pudor do título e muito que realmente há no livro".[11] Quem lê o título do livro através da lente cética de nossos dias pode não apreciar sua mágica. O livro é, acima de tudo, um tratado sobre a aplicação de uma combinação sem paralelo de empatia autêntica, conexão estratégica e liderança generosa.

É importante lembrar que no tempo de Carnegie muitos dos meios de identidade virtual (websites, Facebook, Orkut, Twitter etc.) e a parafernália persuasiva (anúncios pop-up, endossos de celebridades, televangelismo etc.) não existiam. A ideia de conquistar amigos não tinha sido reduzida a um botão de "Confirmar". A ideia de influenciar pessoas não incluía a bagagem de meio século de campanhas publicitárias, fraudes corporativas e eminências de vida dupla. Dale Carnegie tinha uma razão intuitiva para identificar sua obra com o título que escolheu.

Naquela época, se você não cultivasse uma amizade, influenciar uma pessoa era praticamente impossível. As mídias sociais não existiam. Nem relacionamentos virtuais. Na verdade, raramente se faziam negócios com pessoas que não se conhecesse pessoalmente. Uma pessoa comum só tinha três formas de entrar em contato com os outros: face a face, por carta ou telefone. O contato pessoal era desejado. Hoje é evitado.

Ainda que a influência indireta, através da condição social ou de celebridade, existisse no tempo de Carnegie, ela não era instantânea nem viral como é hoje. A amizade era o meio de influência cotidiano. Conquistavam-se amigos com o aperto firme de mão, um sorriso caloroso e um conjunto de atividades altruístas. Fazia-se por merecer a influência exercida. Causa e efeito não estão assim próximas atualmente.

Considere a última edição das "100 Pessoas Mais Influentes do Mundo", da revista *Time*. Com mais de oito milhões de seguidores no Twitter, Lady Gaga está na lista[12]. Não é preciso debater se ela tem influência sobre sua enorme base de fãs. Se ela sinalizar sua preferência por uma marca de sapato ou de água mineral, o produto acontece. A discussão real diz respeito ao valor que ela atribui para seus relacionamentos e para onde sua influência leva. Se ela busca a medida mais alta para ambos, sua influência é uma força significativa. Mas se ela busca apenas aumentar seus números, vai ganhar mais dinheiro, mas não terá grande impacto.

O valor inerente, relacional, da influência não mudou. Ela continua sendo a moeda do progresso interpessoal. Contudo, a superabundância de meios de comunicação tornou possível adquirir versões de loja de R$ 1,99. E você recebe pelo que pagou.

Embora vivamos em uma era em que "barulho mais nudez é igual a celebridade", este não é um livro sobre solicitações de amizade e exploração de influência, um caminho que Carnegie descreveu como "da boca para fora"[13]. Este é um livro sobre fazer amigos da mesma forma que seu avô conquistou o coração da sua avó sábia – através do interesse honesto, da empatia sincera e da admiração genuína. E é por meio do direcionamento da influência duradoura que o progresso e o benefício mútuos são obtidos.

Existe uma forma correta e efetiva de se fazer isso e Dale Carnegie a descreveu muito bem. Setenta e cinco anos depois, os princípios permanecem verdadeiros, mas algumas definições mudaram e certas ramificações se espalharam. A trajetória deste livro, então, será na direção de novas explicações e aplicações. Como entender e utilizar os princípios de Carnegie no mundo digital? Algumas pistas podem ser encontradas em listas que não existiam no tempo dele, como "As Empresas mais Admiradas do Mundo", da *Forbes*, "Os CEOs de Melhor Desempenho do Mundo", da *Harvard Business Review*, e a influente lista, já citada, da revista *Time*. Essas pistas, ou alertas, têm servido como guias ocasionais para o contexto em que o sucesso interpessoal é conquistado atualmente. Seguindo o espírito do livro original, as páginas que se seguem também servirão como lembrete constante de que as razões pelas quais fazemos as coisas são mais importantes do que as coisas que fazemos.

Ainda que o caminho para se aplicar os princípios de Carnegie, hoje, não seja tão radical como abandonar o mundo virtual para voltar aos telegramas, telefones e interfaces tangíveis, ele também não é tão banal como injetar um pouco de humanidade em todos os cantos do seu espaço digital. No geral, a melhor prática é uma mistura equilibrada de toque pessoal e presença digital.

O emprego dessa mistura começa com uma avaliação honesta de sua situação atual. A partir daí, fica claro qual deve ser o seu caminho para o progresso com os outros.

Qual é a sua proporção de interações face a face para interações digitais? Para a maioria das pessoas, e-mail, sms, blogues, tweets e atualizações do Facebook são as principais formas de comunicação com os outros. Isso apresenta novos obstáculos e novas oportunidades.

Ao depender tão fortemente da comunicação digital, perdemos um aspecto crítico das interações humanas: a comunicação não verbal. Ao se dar más notícias, é difícil mostrar compaixão e apoio sem se colocar uma mão no ombro do outro. Ao se explicar uma ideia nova, é difícil transmitir o mesmo nível de entusiasmo que se mostra pessoalmente a uma plateia através de uma chamada telefônica. Quantas vezes você enviou um e-mail cujo destinatário lhe telefonou para esclarecer as coisas que já deveriam estar claras?

É difícil transmitir emoção sem a comunicação não verbal. O advento da videoconferência derrubou algumas barreiras, mas ela representa uma pequena fração da comunicação digital. Ainda assim, ela não consegue transmitir o mais alto padrão da dignidade humana da mesma forma que uma reunião frente a frente. O premiado filme *Amor sem escalas* apresenta essa ideia. Ryan Bingham (George Clooney) é um executivo terceirizado que viaja pelos EUA demitindo profissionais para as empresas. Bingham é excelente em seu trabalho, que requer que ele dispense as pessoas de maneira digna e até inspiradora. Ele criou e aperfeiçoou um discurso em que encoraja a pessoa a aproveitar a liberdade que a demissão lhe concede. Ele até enfrenta seu chefe que deseja que ele comece a demitir por videoconferência para reduzir gastos. O grande paradoxo, contudo, é que Bingham é um solitário sem nenhum relacionamento autêntico na vida, nem mesmo com sua irmã mais nova, a cujo casamento pode ser que ele não vá. Aquilo que parece ser uma espantosa habilidade para sentir empatia por quem ele está demitindo é, na verdade, a confirmação de um profundo distanciamento. Só depois que uma experiência pessoal lhe mostra a importância de uma ligação humana real, ele enxerga, finalmente, a verdade. Então, ele não consegue seguir seus próprios conselhos.

Vivemos em um mundo digital cheio de segundas intenções, onde o valor das ligações humanas é frequentemente trocado pela proficiência transacional[14]. Muitos, inclusive, aperfeiçoaram a arte irônica de aumentar os pontos de contato enquanto, simultaneamente, perdem contato. O remédio não está na autopreservação (à moda de Ryan Bingham) nem em estimular ligações através de mecanismos envolventes, mas superficiais, de marketing. A autopreservação é um erro filosófico. A alternativa é um desastre estratégico.

Existe um limite da produtividade atual que se situa no mesmo ponto em que o progresso com as pessoas é suplantado pelo progresso. Frequentemente, é a pura velocidade da comunicação que afeta nosso julgamento. Como acreditamos que os outros esperam respostas imediatas (assim como nós esperamos), é normal não nos darmos tempo suficiente para formular respostas coerentes; pensamos "não é possível aplicar esses princípios a um comentário de blogue, a um e-mail, a uma conferência virtual em que nem tenho certeza de ser ouvido". Mas os princípios de Dale Carnegie são mais valiosos, exatamente, nessas interações. Afinal, é no cotidiano que as ações altruístas se destacam com mais clareza.

Esperamos cortesia nos primeiros encontros e nas reuniões de follow-up; somos afetados positivamente quando a mesma cortesia aparece, inesperadamente, em um relatório semanal de progresso ou no elevador. Contamos com a eloquência humilde de uma campanha publicitária ou de um discurso de casamento; inspira-nos a mesma eloquência em uma resposta de e-mail sobre qualquer assunto trivial. A diferença, como dizem, está nos detalhes – os detalhes geralmente sutis das suas interações diárias.

Por que esses detalhes ainda são válidos na Era Digital? Porque "a pessoa que possui conhecimento técnico somado à habilidade de expressar ideias, de assumir a liderança e de provocar entusiasmo nos outros está destinada a remunerações mais altas". É notável como as palavras de Carnegie são, hoje, ainda mais relevantes.

Como fazer amigos e influenciar pessoas na era digital

PARTE 1

Princípios essenciais

1

Enterre seus bumerangues

Peça uma definição básica de influência para Adolf Hitler e Martin Luther King Jr. e poderá receber respostas parecidas. Veja, através de suas biografias, o uso que fizeram da influência e perceberá que o entendimento que eles tinham do assunto não poderia ser mais diverso.

Compare "Que sorte dos líderes que os homens não pensem"[15] com "Não me interessa o poder pelo poder, mas... o poder que é moral, que é correto e bom"[16] e a divergência torna-se óbvia. O primeiro crê que a influência é a recompensa do cínico astuto e ultrajante. O outro acredita que a influência é a recompensa da pessoa confiável que trabalha pelo bem comum. Todos os dias, nossas palavras colocam-nos em algum lugar entre essas duas abordagens distantes. A História ensina os resultados de cada uma. Nós nos comunicamos rebaixando ou elevando os outros.

A esse respeito, Carnegie foi sucinto em seu conselho. Não critique, não condene e não se queixe. Como isso parece mais difícil hoje. Dizer que devemos ter cuidado com nossas palavras é um eufemismo. Com o imenso espaço digital que temos para comunicar nossas ideias vem uma carga igualmente imensa de responsabilidade devido ao acesso público. "A comunicação digital tornou possível alcançar mais pessoas de modos mais rápidos e econômicos", explicou Guy Kawasaki, autor do sucesso *Encantamento*, em uma entrevista recente, "mas um fracasso é um fracasso. Pode-se argumentar que a tecnologia tornou possível acabar com a reputação de alguém mais fácil e rapidamente do que nunca".

O argumento é bom, e é precisamente o contraponto da aplicação desse princípio.

O que antes era uma crítica velada pode resultar em penalidades. Veja o caso do dr. Patrick Michael Nesbitt, médico clínico-geral canadense que foi condenado a pagar 40 mil dólares por publicar no Facebook comentários "maldosos" e difamatórios sobre a mãe da sua filha[17]. Ou o de Ryan Babel, atacante holandês do Liverpool Football Club que, após uma derrota para o Manchester United, tuitou o link para uma foto digitalmente alterada do árbitro Howard Webb com o comentário "e ainda dizem que ele é um dos melhores árbitros. Que piada". Por isso, o jogador foi penalizado em 16 mil dólares[18]. A respeito desse caso, Ben Dirs, blogueiro da BBC, observou: "Enquanto há cerca de um ano Babel poderia ter desabafado com sua namorada, ele agora tinha, na ponta dos dedos, uma ferramenta muito conveniente – e tentadora – para desabafar com o mundo".[19]

O que antes era uma queixa despreocupada entre amigos pode, agora, causar sua demissão. Um estudo de 2009 feito pela Proofpoint, Inc., revelou que 8% das empresas americanas com mais de mil empregados já tinham demitido alguém por comentários em sites como Facebook e LinkedIn.[20] Mais específica, uma recente edição on-line de *The Huffington Post* relacionou treze publicações no Facebook que fizeram seus autores serem demitidos.[21] Incluídos nessa lista estão:

- A garçonete de uma pizzaria que postou suas queixas e críticas grosseiras a respeito de dois clientes depois de receber uma gorjeta que considerou pequena, após atendê-los por três horas, o que incluiu uma hora depois de seu turno terminar. "Obrigado por comer no Brixx", rosnou ela, que na sequência zombou dos clientes, chamando-os de pães-duros.[22]
- Um empregado do estádio dos Philadelphia Eagles que publicou uma atualização de status pejorativa, na qual condenava o time por permitir que o querido jogador Brian Dawkins se transferisse para o Denver Broncos. "Dan está [palavrão] arrasado pela transferência de Dawkins para o Denver... Malditos Eagles retardados!"[23]

- Sete funcionários de uma rede canadense de mercados chamada Farm Boy. Eles criaram um grupo no Facebook chamado "I got Farm Boy'd", onde debochavam dos clientes e faziam "ataques verbais contra clientes e outros funcionários".[24]
- Seis funcionários do sistema prisional australiano que criaram um grupo no Facebook chamado "Sugestões para ajudar o governo a economizar alguns trocados", no qual criticavam o chefe, outros superiores que consideravam ineptos e o governo.[25]

Podemos até nos perguntar se a crítica está mais predominante que a boa vontade, e a condenação mais dominante que a misericórdia nos nossos meios de comunicação. Com certeza, o sarcasmo está na moda. Com tantas oportunidades para se fazer ouvir, muitos parecem ávidos para manifestar seu direito de falar quando alguém erra, mas recolhem-se rapidamente em seu direito ao silêncio quando são eles que erram. Muitas pessoas se acostumaram a empunhar a espada da Liberdade de Expressão em uma mão e o escudo do Direito de Não Produzir Provas Contra Si na outra. Assim, esquecem que fazer isso é transformar as relações humanas em um campo de batalha. De muitas formas, essa cultura da crítica e da queixa é uma realidade infeliz.

Mas a pessoa influente compreende que tais indiscrições são o caminho mais rápido para o rompimento de relações, não importando quanta razão você tenha ou quão errado o outro esteja. Essas atitudes destroem muito mais do que constroem, pois sugerem segundas intenções, quer existam ou não. Elas transformam uma interação tranquila em tensa. Não é de admirar que hoje tenhamos mais porta-vozes do que líderes verdadeiros. A influência está sempre em jogo, mas muitos não querem nada além de expor seu caso. Isso não apenas estabelece um mau precedente, como também alimenta a tensão e aumenta a distância entre a mensagem e uma colaboração significativa.

Mas, quando um verdadeiro líder aparece, o efeito contrário é incontestável. Existiram poucos comunicadores mais envolventes que o responsável pela Proclamação da Emancipação nos EUA. O presidente Abraham Lincoln ficou conhecido como um homem que abordava situações tensas com elegância e delicadeza. Sua reação a um importante erro tático durante um momento crucial da Guerra Civil americana demonstra isso.

A Batalha de Gettysburg foi lutada durante os primeiros três dias de julho de 1863. Durante a noite de 4 de julho, o general Robert E. Lee, comandante das forças rebeldes, ordenou a retirada para o sul enquanto nuvens de tempestade inundavam o campo com chuva. Quando Lee chegou, com seu exército derrotado, às margens do Potomac, encontrou um rio caudaloso, intransponível, diante de si, e o vitorioso exército da União às suas costas. Lee estava em uma armadilha. Aquela era uma oportunidade de ouro para o Exército da União capturar as forças de Lee e encerrar a guerra imediatamente. Com um ímpeto de confiança, Lincoln ordenou ao general George Meade que não convocasse o conselho de guerra e que atacasse Lee imediatamente. O presidente telegrafou suas ordens e depois enviou um mensageiro especial até Meade exigindo ação imediata.

Meade convocou o conselho de guerra. Ele hesitou. E procrastinou. Ele telegrafou todos os tipos de desculpas para o presidente. Finalmente, o Potomac baixou e Lee conseguiu atravessá-lo com suas tropas.

Lincoln ficou furioso. "O que significa isso?", exclamou para seu filho Robert. "Bom Deus! O que quer dizer isso? Nós o tínhamos ao nosso alcance, precisávamos apenas estender as mãos e eles seriam nossos; mas nada do que eu pudesse dizer ou fazer conseguiu colocar o exército em movimento. Sob essas circunstâncias praticamente qualquer general conseguiria derrotar Lee. Se tivesse ido até lá, eu mesmo teria acabado com ele."

Terrivelmente desapontado, Lincoln, que normalmente era um homem controlado, sentou-se e escreveu a Meade o que era, dada sua história, uma carta severa.

> *Meu caro General,*
>
> *Não acredito que o senhor consiga compreender a magnitude da desgraça envolvida na fuga de Lee. Ele estava ao nosso alcance, e atacá-lo teria, somado aos nossos outros recentes sucessos, terminado a guerra.*

Agora, a guerra pode se prolongar indefinidamente. Se você não foi capaz de atacar Lee na última segunda-feira, como conseguirá fazê-lo ao sul do rio, quando poderá levar menos tropas – não mais do que dois terços da força que tinha à sua disposição? Não seria razoável esperar que consiga, e não espero que, agora, o senhor consiga fazer muita coisa. Sua oportunidade de ouro foi perdida, e estou imensamente angustiado por causa disso.

O envio dessa carta estava plenamente justificado. Ainda assim, Lincoln nunca a despachou. Ela foi encontrada entre seus papéis depois de sua morte.

O que você imagina que impediu o presidente de ventilar seu grande desapontamento e sua compreensível crítica?

O presidente Lincoln foi um mestre da comunicação e tudo o que dizia era marcado pela humildade. Ele deve ter ponderado que, se enviasse a carta, aquilo aliviaria um pouco da sua frustração mas, ao mesmo tempo, provocaria ressentimento no general Meade, prejudicando ainda mais a capacidade dele como comandante. Lincoln sabia que Meade fora designado para o comando do Exército do Potomac apenas alguns dias antes. Ele também sabia que Meade vinha de uma série de sucessos heroicos. Com certeza Meade estava sob muita pressão, com o fardo adicional de haver ressentimentos entre ele e alguns dos oficiais sob seu comando. Tivesse Lincoln ignorado esses detalhes e enviado a carta, ele teria ganho a batalha de palavras, mas sofreria perdas na guerra de influência.

Isso não significa que o general Meade não merecia ser informado de seu erro. Significa que havia um modo ineficiente e outro eficiente de fazê-lo. Mais tarde Lincoln transmitiu seu desapontamento a Meade, mas o fez de uma maneira elegante. Ao optar por graciosamente segurar a carta mais contundente, Lincoln preferiu se conter e até aumentar sua influência sobre Meade, que se tornaria uma força cívica positiva na Filadélfia, sua cidade, até o ano de sua morte, 1872.

Lincoln parecia saber, talvez mais do que qualquer presidente americano na História, quando segurar a língua e quando o silêncio era um erro mais grave do que falar. No cerne dessa habilidade está a compreensão de uma das verdades mais fundamentais da natureza humana. Nós somos criaturas que se autopreservam instintivamente, e nos sentimos forçados a nos defender, a desviar e negar todas as ameaças ao nosso bem-estar, incluídas as ameaças ao nosso orgulho.

Considere o recente escândalo de anabolizantes na liga profissional de beisebol, nos EUA. Da lista de 129 jogadores acusados, após exames antidoping positivos, de usar anabolizantes e hormônio do crescimento humano, apenas dezesseis admitiram o uso.[26]

Atletas de alto desempenho com egos enormes?

Nem tanto. Pense na última vez que um colega de trabalho criticou você por algo que disse ou fez. Devemos acreditar que as críticas lhe deram vontade de abraçar o sujeito e convidá-lo para almoçar? Ou você quis esconder uma lata aberta de sardinha na mesa dele? (E isso sendo bonzinho.)

Nem você nem eu gostamos de ser alvo de críticas, sejam ou não merecidas. "Assim como nós temos sede de aprovação", explicou o psicólogo Hans Selye, "temos horror à reprovação."

Quando tentamos ganhar uma discussão, estimular mudanças ou estabelecer nossa posição através de críticas, estamos dando dois passos para trás. As pessoas podem ser forçadas a mudar, mas a crítica raramente inspira os resultados desejados. E não estamos falando apenas de discurso público. Isso é verdadeiro também em conversas particulares.

Apesar de o sarcasmo estar na moda em blogues, programas de entrevistas e mídias sociais, no momento em que você faz a crítica o objeto da sua reprovação sente-se compelido a se defender. E quando o outro está na defensiva, há pouco que se pode dizer para atravessar as barreiras que ele ergueu. Tudo o que você disser será filtrado pelo ceticismo ou, pior, pela completa incredulidade. Dessa forma, comentários críticos funcionam como bumerangues invisíveis. Eles voltam para a cabeça de quem os atirou.

Isso acontece ainda mais rapidamente em um mundo em que todas as nossas comunicações estão a algumas teclas ou a um microfone de distância da exposição internacional. O ator Mel Gibson aprendeu uma lição infeliz quando as críticas insultuosas e racistas que deixou na secretária eletrônica da sua ex-namorada foram transmitidas para o mundo. Sua influência global, que já foi uma das forças mais importantes de Hollywood, foi seriamente abalada.

Um exemplo menos volátil, mas também bastante danoso, ocorreu em julho de 2008 quando, de acordo com o blogue da CNN, um microfone da Fox News captou comentários que "o reverendo Jesse Jackson pretendia comentar em particular, nos quais menosprezava o provável candidato Democrata, por parecer que este desejava dar uma lição de moral na comunidade negra".[27] Apesar do pedido de desculpas imediato e público do reverendo Jackson, seus comentários abalaram sua influência nacional em questões importantes para os membros da comunidade negra. Além disso, eles colocaram em dúvida seu apoio ao então senador pelo Illinois, Barack Obama, que se tornaria o 44º presidente americano.

A maioria de nós procuraria evitar gafes de comunicação com repercussões tão amplas. Mas, antes de julgarmos essas figuras públicas e seus tropeços, seria bom que pensássemos no que os outros poderiam dizer se nossos piores acessos de raiva particulares se tornassem públicos. Seria melhor ainda se sempre seguíssemos um princípio simples quando lidamos com os outros – não critique, condene, ou se queixe. Nós vivemos em uma era em que o mundo pode ouvir nossas palavras, a responsabilidade global é muito real e desastres de comunicação podem nos acompanhar indefinidamente.

Apesar de haver uma tendência global em direção à conversa fiada, não é sábio nem necessário criticar os outros para tornar suas mensagens mais efetivas, importantes ou midiáticas. O nível de divulgação das nossas comunicações, hoje, não deve ser pensado como um fardo nem como uma bênção, mas como uma responsabilidade. Quem aceitar essa responsabilidade com humildade, compaixão e confiabilidade crescerá mais rapidamente, porque os outros continuarão dispostos a escutar. As pessoas mais respeitadas dentro das indústrias, empresas, famílias e grupos de amigos são aquelas que apresentam com clareza seus pontos de vista, mas continuam compassivas com aqueles cuja mente ou cujo comportamento desejam influenciar.

Em alguns casos, tentar fazer uma pessoa mudar pela força das palavras chama-se coação, e pode até configurar assédio moral e ser motivo de processo. Quando se está entre amigos ou colegas de trabalho, pode parecer que não se está fazendo nada ilegal, mas é melhor evitar qualquer sentimento do tipo. O mais simples é se concentrar em melhorar a si mesmo em vez dos outros.

- Não use seus meios de comunicação para desmascarar e confrontar. Procure encorajar e estimular. Não há nada de errado em informar seus amigos e fãs, mesmo sobre coisas que eles talvez preferissem evitar, mas o espírito da sua informação é a chave. Você está compartilhando informações porque tem alguma mágoa para ventilar? Esse tipo de comunicação deve ser feito na sala de um colega de confiança. Mesmo que as pessoas já estejam do seu lado, contar vantagem e reclamar da vida não os aproxima. No máximo, isso os fará se questionar se podem confiar suas ideias e erros a você.
- Resista a falar mal dos outros – pessoas e empresas concorrentes – e use isso como estratégia de diferenciação. O efeito da comunicação negativa, a longo prazo, é mais danoso que benéfico. Na economia globalizada, nunca se sabe quando seu maior concorrente se tornará seu maior colaborador. O que você terá que fazer quando o melhor caminho para expandir seu negócio passar por alguém com quem você estremeceu o relacionamento? A concorrência é saudável e deve ser respeitada. Colaboração é essencial e deve ser protegida.
- Torne suas mensagens mais significativas removendo aquilo que interessa só a você. Quer esteja tuitando notícias importantes para uma ampla base de fãs, ou atualizando um punhado de colegas de trabalho, é bom se lembrar de que ninguém quer receber uma avalanche de coisas importantes para você. Acima de tudo, os destinatários de cada bit e byte da sua comunicação querem valor. Se tudo o que você faz é encher suas orelhas, caixas de entrada e telefones com descrições dos seus últimos problemas e necessidades, eles não vão prestar aten-

ção por muito tempo. Existe muita comunicação positiva disponível para que deixemos o baixo-astral de alguém ocupar nossas mentes.

- Acalme-se antes de iniciar uma comunicação. Se você conseguir se treinar para não responder por impulso, economizará horas de pedidos de desculpas, elogios falsos e bajulação mais para a frente. Embora todos nós cometamos nossos deslizes, pouca coisa é pior do que uma indiscrição particular que se torna pública. Poupe-se desses problemas – e suas consequências potencialmente danosas – respirando fundo antes de tagarelar algo de que pode se arrepender.

Embora sempre exista algo para se dizer dos outros, é importante lembrar que, também, sempre existe algo para se dizer de você. Esta passagem do Novo Testamento fornece matéria para reflexão: "Porque pela forma que julgar, será julgado; e pelo seu padrão de medida também será medido".[28]

E embora seja difícil, às vezes, refrear nosso direito à liberdade de expressão, uma consulta rápida à História irá nos lembrar de que as mentes mais influentes pertencem àqueles que seguraram a língua e engoliram o orgulho enquanto subia a maré de emoções negativas, e comunicaram-se com brevidade, humildade e sabedoria, conseguindo assim muito mais do que com uma tirada crítica.

Talvez o exemplo mais memorável seja do prolífico escritor britânico G. K. Chesterton. O jornal *The Times* convidou-o a escrever um ensaio descrevendo "O que Há de Errado com o Mundo?" Chesterton respondeu:[29]

Prezados Senhores,

Eu.

Sinceramente,

G. K. Chesterton

Não é de admirar que uma crítica da revista *Time* de 1943, sobre seu livro livro *Ortodoxia*, noticiou que o antagonista mais popular de Chesterton, o dramaturgo irlandês George Bernard Shaw, chamou-o de "um homem de gênio colossal".[30] A mesma crítica referia-se a Shaw como o "inimigo amigável" do robusto escritor britânico. O próprio Chesterton descreveu o relacionamento entre os dois como igual ao de "caubóis em um filme mudo que nunca foi lançado".[31] Os dois homens discordavam de praticamente tudo, em suas vidas, mas o espírito de seu relacionamento nunca foi de confronto, em grande parte graças à habilidade de Chesterton manter seu ego sob controle e respeitar as opiniões de um homem que não poderia ter discordado mais dele. O resultado não era incomum na vida do escritor.

O alcance da influência de Chesterton foi bem além de engajar as mentes de seus contemporâneos como Bernard Shaw, Oscar Wilde e H. G. Wells. Seu livro *O homem eterno* contribuiu para a conversão ao cristianismo de C. S. Lewis, então um ateu; sua biografia de Charles Dickens foi amplamente responsável por criar uma retomada popular e uma séria reconsideração da crítica da obra de Dickens; sua novela *O homem que era quinta-feira* inspirou o líder republicano irlandês Michael Collins com a ideia: "Se não parecer que você está se escondendo, ninguém irá caçá-lo"; sua coluna no *Illustrated London News* de 18 de setembro de 1909 teve um profundo efeito em Mahatma Gandhi.[32]

Fazer amigos e influenciar os outros, no mundo atual, requer menos que uma retórica inteligente. Requer a subestimada eloquência da delicadeza e da autocrítica. Se o que há de errado com o mundo sou eu, e você também, então podemos parar de nos preocupar sobre quem está certo e nos mexer para tornar melhor o nosso mundo. Enterre seus bumerangues e suas palavras construirão um caminho mais curto para o progresso.

2

Afirme o que há de bom

O filme vencedor do Oscar *O discurso do rei* conta a história de como um homem comum com um toque incomum ajudou um príncipe gago a se tornar o rei que mobilizaria uma nação.

O príncipe Albert, duque de York, sofria com uma gagueira que atrapalhava todos os aspectos da sua vida. Ele tinha dificuldades em contar histórias para seus filhos, em fazer discursos públicos e em falar no rádio, o principal meio de comunicação de sua época.

Ao procurar uma cura para sua aflição, o príncipe conheceu o fonoaudiólogo australiano Lionel Logue. Os métodos deste eram pouco convencionais, porque ele acreditava que a gagueira era um problema tanto psicológico quanto físico.

Criado com as reservas da realeza, o príncipe, chamado de Bertie pela família, resiste aos métodos de Logue e o restante do filme mostra a tensão crescente entre os homens enquanto o príncipe Albert, duque de York, torna-se o rei George VI e a Segunda Guerra Mundial se aproxima.

Finalmente, em um momento de transformação, em que se prepara para a coroação, o futuro rei dispara a falar e libera todos os seus medos: de que ele fracassará para com sua nação e se tornará um motivo de piada histórico.

– Bertie – intervém Logue –, você é o homem mais corajoso que eu conheço.

Bertie para de falar e reflete sobre aquelas palavras. Elas carregam um impacto transformador.

"O homem mais corajoso que você conhece?" Bertie não fala essas palavras, mas suas ações as gritam.

Se Emerson estava certo quando afirmou que "o ancestral de toda ação é um pensamento",[33] o que Logue fez foi das mais brilhantes estratégias de influência. Ele introduziu um pensamento que nunca tinha sido considerado. Bertie, o príncipe gago, não era fraco. Ele não era um fracassado ou motivo de piada. A vida de provocações que ele tinha suportado e a própria imagem que tinha de si mesmo não contavam a história toda. Havia algo nele que era mais verdadeiro, algo que era bom... talvez até grandioso.

Bertie acreditou naquilo. E tornou-se, afinal, um homem diferente, porque uma pessoa teve o discernimento de afirmar nele algo que os outros deixaram sua gagueira obscurecer.[34]

Compare as ações de Logue com as de Ron Schiller, ex-vice-presidente executivo da NPR, que foi gravado em vídeo articulando a difamação dos partidos políticos com os quais não estava associado. As principais diferenças entre as duas abordagens é, em última análise, uma questão de escolha.

Nem Bertie nem qualquer partido político está livre de falhas. Não é como se Lionel Logue tivesse algo mais honrado do que lidar com Ron Schiller. Ambos podiam encontrar razões para atacar as pessoas com que lidavam. Logue simplesmente escolheu o caminho da maior influência, o caminho que coloca a dignidade humana no patamar mais alto. Schiller optou por um caminho em que se esqueceu de si mesmo e de seus colegas humanos. Não é difícil enxergar qual caminho é mais sábio.

Uma antiga e tocante parábola judaica envolve um pastor que cuida de cem ovelhas. Elas estão sob seus cuidados e ele não irá decepcioná-las. Contudo, ao reuni-las uma noite, ele percebe que está faltando uma. Só uma. Noventa e nove estão em segurança. O que o pastor faz? Reza para que a ovelha apareça antes que um lobo a devore? Não, ele guarda as noventa e nove e sai para procurar a desgarrada. Aquela única ovelha é de tal importância para ele que o pastor não consegue suportar imaginá-la perdida.[35]

Pense na mensagem que é recebida pelas ovelhas, não apenas a que está perdida, mas as noventa e nove que dependem do pastor para provisão e proteção. Agora, pense em enviar a mesma mensagem para aqueles que você gostaria de influenciar. Você já os fez saber de como os considera valiosos? É muito grande o poder desse princípio simples, incorporado no cotidiano.

Todos nós temos um desejo inato, insaciável, de saber que somos queridos, de saber que temos importância. Mesmo assim, afirmar isso nos outros está entre os maiores desafios que enfrentamos hoje.

O mundo está muito superficial. Pelo menos, é fácil chegar a essa conclusão. Estamos obcecados pelas coisas menos importantes que existem. Semanas de vida são gastas debatendo-se o namoro mais recente de alguma atriz ou cantora, ou os últimos pecadilhos de algum atleta. Horas observando a sociologia de uma casa cheia de celebridades instantâneas. Ainda que não nos deixemos apanhar pelos devaneios maníacos da cultura pop, nosso tempo tem sido tão intensamente solicitado que parece difícil abordar qualquer coisa com profundidade. Mensagens de texto que não param, e-mails transbordando. Mídias sociais constantemente atualizadas. Até a cara-metade, que cortejamos apaixonadamente, pode se tornar uma inconveniência. E ainda há os filhos, os avós, os vizinhos e tudo o mais.

Quem tem tempo de afirmar o que há de bom sobre qualquer coisa exceto, talvez, o carro novo do vizinho? Isso é rápido e indolor.

O problema é que o rápido e indolor pode se tornar comum e sem sentido. É por essas razões que o emprego desse princípio tem tanta importância hoje.

Afirmar o que há de bom nos outros não deve ser confundido com bajulação.

A diferença? Preocupação genuína.

Uma vez, um jovem universitário mal-vestido perguntou a Muhammad Ali o que deveria fazer da vida. Ele não conseguia se decidir entre continuar os estudos ou se lançar no mundo atrás de sua sorte. Estava claro que ele se inclinava para a segunda opção. "Fique na faculdade, termine seus estudos", aconselhou Ali. "Se eles conseguem fazer penicilina com pão mofado, vão conseguir fazer alguma coisa com você!"[36]

Ali, claramente, estava procurando amenizar a situação. Em última análise, ele entendeu o que o garoto tinha ouvido durante toda a vida, e usou um pouco de humor para passar uma mensagem importante: "Não desista tão fácil. Mantenha o curso. Apesar do que já lhe disseram, você tem valor e pode realizar algo importante."

Afirmação, ao contrário da bajulação, exige que se observe alguém o suficiente para detectar o que afirmar; que se conheça uma pessoa bem o bastante para estar ciente do que realmente importa. Bajulação é, geralmente, uma admissão de insensibilidade, uma traição da confiança. Dizemos coisas que, pensamos, deveríamos dizer, mas na realidade não é nosso sentimento. Que mensagem a bajulação passa? "Você não é tão importante para merecer minha preocupação."

Temos que superar a tentação de viver no piloto automático. Rick Warren, autor de sucesso, escreveu:

> Nós corremos para a porta e dizemos: "Ei, como está? Que bom ver você!" Nós nem olhamos a pessoa nos olhos. Não estamos, na verdade, falando com ela. Se é assim que você faz, está perdendo muito do potencial dos outros. As pessoas não são coisas a serem moldadas, como argila. Essa não é sua função. Isso é manipulação, não liderança. As pessoas não são coisas a serem moldadas; são vidas a serem desenvolvidas. E é isso que verdadeiros líderes fazem. Eles desenvolvem a vida dos outros e os ajudam a alcançar o potencial que Deus lhes deu.[37]

Não é razoável esperar que qualquer um de nós esteja sempre com cem por cento do desempenho. Com certeza, perdemos oportunidades que deveríamos ter aproveitado. Mas podemos regular nosso desempenho ao longo do tempo. As mensagens que você envia com palavras escritas, faladas, sua presença, faz você se aproximar da afirmação ou da indiferença? Quanto mais você se mover na direção da afirmação, mais influência terá sobre os outros.

Emerson escreveu: "Todo homem tem o direito de ser avaliado por seus melhores momentos".[38] Pense nisso por um instante. Qual relacionamento está mais desgastado, na sua vida? Como seria se você começasse a se concentrar nos melhores momentos dessa pessoa e procurasse afirmá-los? Isso não pressupõe que a pessoa não tenha suas falhas. Não presume nem mesmo que ela tem menos defeitos do que qualidades. Pode se tratar de um homem com anos de perdição e transgressões. Mas de uma coisa você pode ter certeza: se deseja influenciá-lo para a mudança, ficar apontando sua folha corrida de nada vai adiantar. Se, por outro lado, você começar a lembrá-lo do que ele poderia ser, não com ilusões hipotéticas, mas com a história dele mesmo de bondade, sucesso, sabedoria – mesmo que seja uma história curta —, algo dentro desse homem vai ter motivo para acordar. Ele pode começar a enxergar aquilo que ainda pode ser, apesar do que já foi. "Quando tratamos um homem como ele é, fazemos com que fique pior; quando o tratamos como se já fosse aquilo para que tem potencial de ser, o transformamos no que deveria ser".[39]

Poucos, na História, compreenderam o poder de afirmar o que há de bom nos outros melhor do que o décimo sexto presidente dos Estados Unidos. Com essa ideia ele manteve a nação unida. Quando ele tomou posse, em março de 1861, não era certo que algum dia haveria outro presidente dos EUA.

No mesmo dia de sua posse, a bandeira da Confederação foi hasteada em Montgomery, Alabama. Nos meses seguintes à sua eleição, sete estados tinham se separado da União. Todos, amigos e inimigos, queriam saber o que esse homem tinha a dizer sobre os estados secessionistas.

A História hoje considera seu discurso de posse um dos maiores jamais feitos, exatamente porque Lincoln o escreveu com o espírito da reconciliação. Ele não era fraco, pois alertou para as consequências de qualquer ataque contra a União. Mas ele teve visão para afirmar o que era bom em um momento que ninguém mais conseguiria: "Nós não somos inimigos, mas amigos. Nós não devemos ser inimigos".

*****

Que ousadia isso exigiu. Sete estados tinham se separado e declarado independência. A guerra se aproximava. Amigos? Como eles poderiam ser amigos?

Pense na última vez que um colega o traiu, ou um cliente mentiu para você ou, ainda, que um fornecedor não entregou algo prometido. Sua primeira reação foi lembrar do que eles já tinham feito de bom e verdadeiro?

Ser desapontado, decepcionado ou traído estão entre as coisas mais frustrantes e exasperantes que existem. Ainda assim, esses momentos nos concedem raras oportunidades para causarmos uma impressão suprema.

Você se lembra de quando alguém surpreendeu você com uma delicadeza inesperada ou perdão incondicional? Isso pode ter acontecido muitos anos atrás, até mesmo durante sua infância. Mesmo assim, essa pessoa tornou-se parte permanente da sua memória; a emoção que você sentiu continua tangível.

Em última análise, conquistar influência é uma forma de se destacar, de subir para um plano mais elevado na mente e no coração de outra pessoa. Se tudo o que você faz é agir e reagir da mesma forma que qualquer pessoa, você nunca vai se destacar. As razões são simples.

A competição por atenção é constante. A comunicação é frequentemente imperfeita. Tornar-se influente, na vida corrida que levamos hoje, é um desafio e tanto. São necessários momentos para você poder demonstrar seu altruísmo e sua confiabilidade, e normalmente tudo de que dispomos são alguns segundos.

Fôssemos todos indivíduos perfeitos, sem falhas em nossas vidas, a conquista de influência dependeria, apenas, da sua habilidade de mostrar mais confiabilidade que os outros na esfera de influência de uma pessoa. Ou seja, seria difícil se a sua concorrência fosse formada por indivíduos que, como você, não cometem erros. Nesse contexto, competir por influência seria como um concurso de beleza (e algumas pessoas comportam-se como se realmente fosse).

Mas esse não é o caso. Somos todos seres imperfeitos, cheios de defeitos, e isso nos permite muitas oportunidades de afirmar o que há de bom nos outros tanto após discordâncias ou decepções como em meio a gentilezas. A chave é não se permitir exceções circunstanciais – esteja sempre com esse espírito de afirmação positiva para transmitir suas opiniões sobre os outros sempre que puder.

Não repita o erro que alguns cometem, pois o espírito de afirmação, apesar das falhas dos outros, não é uma demonstração de fraqueza ou passividade. Também não se trata de uma negação da justiça, pois compaixão sem justiça é vazia. Lincoln enxergava além do óbvio, via o que podia acontecer e ia atrás do seu objetivo.

> Embora as paixões os tenham tensionado, elas não devem romper nossos laços de afeto. Os acordes místicos da memória, que ecoam de cada campo de batalha e cada túmulo de patriota, e chegam a todos os corações vivos por toda esta grande terra, ainda vão fortalecer o coro da União.

Às vezes, afirmar o que há de bom em alguns servirá para nos lembrar das qualidades que existem em outros. Sim, disse Lincoln, a situação está tensa, mas os laços de amizade ainda são fortes. Havia uma história americana que tanto o norte quanto o sul compartilhavam. Os dois lados declararam independência juntos, construíram a nação juntos e enfrentaram a guerra juntos. Agora, precisavam se lembrar disso: "Quando forem novamente tocados, e com certeza serão, pelos melhores anjos da nossa natureza".

Essas palavras finais foram a síntese de tudo o que precisava ser afirmado. Lá no fundo havia algo maior do que a discórdia, uma realidade melhor e mais verdadeira que precisava de permissão para respirar.

De um monarca britânico a uma jovem nação dividida, o apelo ao que havia de bom nos outros tornou uma situação tensa em um convincente convite à mudança. Isso não é, como alguns podem ser tentados a pensar, uma ação que ignore os problemas entre as pessoas. Ao contrário, essa é uma atitude que ataca o problema de frente, mas de um modo respeitoso e digno, que tem muito mais chance de sucesso, de impulsionar o outro na direção do arrependimento, da reconciliação ou do progresso.

Em *Você não pode liderar com os pés em cima da mesa*, Ed Fuller, presidente e diretor administrativo da Marriot International, afirma: "Nenhum relacionamento comercial que valha a pena, seja com seu próprio pessoal ou clientes e parceiros, pode sobreviver sem respeito mútuo. E eu aprendi na prática que mostrar para os adversários que você os admira pode resolver até conflitos violentos".

Fuller conta, então, a história de uma briga que começou entre um advogado da Marriot e o proprietário de um hotel na América do Sul quando a renegociação de um acordo de gerenciamento transformou-se em gritaria e "dois homens adultos começaram a lutar e rolaram pelo chão acarpetado da sala de reuniões do hotel".

A luta continuou, sem intervenção dos espectadores, até que o revólver do proprietário do hotel caiu de seu coldre e deslizou pelo chão. Os lutadores foram imediatamente apartados, com seus egos feridos e nenhuma solução para o conflito. Alguns meses se passaram sem que a questão progredisse até que um advogado corporativo e dois executivos da empresa sugeriram a Fuller que visitasse o dono do hotel. Ele descreve como tudo aconteceu:

> "Eu voei para a cidade dele", conta Fuller, "e passei dois dias viajando com ele. Visitei suas empresas, jantei em seu clube e conheci seus amigos. À medida que nos conhecíamos melhor, fora do ambiente de negócios, nosso respeito mútuo cresceu. Vê-lo sob uma luz diferente me permitiu compreender a força de seu compromisso para com seus empregados, sua família e sua comunidade. As diferenças, que originaram o conflito entre nós, não estavam resolvidas, mas eu percebi que ele merecia o meu respeito por quem ele era e pelo que tinha conquistado. Uma semana depois que fui embora, chegamos a um acordo com o proprietário".[40]

Afirmar o que há de bom, assim como todos os princípios deste livro, não deve ser usado apenas por grandes dignitários nos momentos culminantes da história da humanidade. É um princípio para ser usado agora, nesta era em que o espírito da comunicação é, frequentemente, pouco digno. Da tribuna política ao meio digital e à mesa de reuniões, aquele que falar com o espírito da afirmação respeitosa e sem exageros sempre conquistará mais amigos e influenciará positivamente mais pessoas no caminho do progresso do que aquele que se comunica com crítica, censura e paternalismo.

A beleza desse princípio é que a nossa afirmação dos outros não está limitada à interface tangível. "Embora nada possa substituir a eficácia das interações frente a frente", explicou Blake Mycoskie, fundador da TOMS Shoes, em recente entrevista, "é importante lembrar que o mundo digital pode melhorar a formação dos relacionamentos."[41] A qualquer momento do dia podemos espalhar mensagens que afirmam nossos amigos, fãs e seguidores através de diversos meios; e-mail, Twitter, torpedos e blogues. Contudo, não cometa o engano de separar a abrangência da mensagem da importância individual dela. Elas são inseparáveis. Não importa o quão grande uma empresa fique, ou o quão grande a base de seguidores que alguém reúna, as mensagens são enviadas e recebidas em um nível individual.

O que estabelece uma ligação entre um rei e seu fonoaudiólogo é o mesmo princípio que estabelece a ligação entre a ligação de influência entre uma empresa e seus clientes ou uma executiva e seus relatórios ou, ainda, um pai e seu filho.

Estamos todos unidos pelo mesmo desejo – de ter nosso valor reconhecido pelo outro. Não é uma decisão grupal se essa mensagem é passada. Cada indivíduo para quem a mensagem foi enviada é que determina isso – não importa se esse indivíduo está sozinho em sua mesa ou no meio de uma multidão de três mil pessoas.

No livro original de Carnegie ele apresentou uma história que, talvez mais que qualquer outra em suas páginas, tocou fundo milhões de seus leitores em todo o mundo. A história não era de Carnegie. Ela pertencia a um homem chamado W. Livingston Larned, que a chamava de "O pai se esquece".

Carnegie a incluiu em sua obra como um encorajamento para todos nós que, com tanta facilidade, esquecemos de nós mesmos e passamos dias analisando e criticando os outros. Ela foi incluída aqui com uma perspectiva diferente – não a do pai que finalmente enxerga seus erros, mas do filho que, com seu espírito de afirmação incondicional, exerce um nível de influência que muda seu pai para sempre.

Escute, filho: eu digo isto enquanto você dorme, com uma mãozinha amassada sob seu rosto e os cachos loiros grudados à testa suada. Entrei sozinho em seu quarto. Há alguns minutos, apenas, eu estava lendo o jornal na biblioteca quando uma onda sufocante de remorso me envolveu. Sentindo-me culpado, vim à sua cabeceira.

Era nisto que eu estava pensando, filho: eu fiquei bravo com você. Eu lhe dei uma bronca, enquanto se vestia para a escola, porque você mal passou uma toalha no rosto. Eu chamei a sua atenção porque você não limpou os seus sapatos. E eu gritei, bravo, quando você jogou algumas de suas coisas no chão.

No café da manhã eu também vi alguns erros seus. Você derramou coisas. Engoliu o alimento de qualquer jeito. Pôs os cotovelos na mesa. Passou manteiga demais no pão. E enquanto você saía para brincar, e eu para pegar o trem, você se virou e acenou, dizendo "tchau, paizinho!" Eu franzi a testa e respondi "endireite as costas!"

Então, no fim da tarde começou tudo de novo. Ao subir a rua eu espiei você que, ajoelhado, jogava bolinha de gude. Havia buracos nas suas meias. Eu humilhei você diante dos seus amigos obrigando-o a entrar em casa. Meias são caras – e se você tivesse que comprá-las, teria mais cuidado! Imagine isso, filho, de um pai!

Você se lembra quando, mais tarde, eu estava lendo na biblioteca e você se aproximou, tímido, com um tipo de mágoa nos olhos? Quando olhei por cima do jornal, irritado com a interrupção, você hesitou na porta. "O que você quer?", disparei eu.

Você nada disse, mas correu e, num mergulho afobado, jogou os braços ao redor do meu pescoço e me beijou, os bracinhos apertados com um carinho que Deus fez florescer no seu coração e que nem mesmo o abandono consegue murchar. E então você se foi, arrastando-se escada acima.

Bem, filho, foi logo depois disso que o jornal escorregou das minhas mãos e um terrível medo me tomou. O que o hábito tem feito comigo? O hábito de procurar erros, de repreender – essa é a recompensa que eu lhe ofereço por você ser um menino. Não é que eu não ame você. O problema é que eu esperava demais da infância. Eu julgava você tendo minha idade como referência.

> E há tanta coisa boa e verdadeira em seu caráter. Seu coraçãozinho é tão grande quanto a aurora sobre as montanhas. Você demonstrou isso com seu impulso espontâneo de entrar correndo para me dar um beijo de boa-noite. Hoje, nada mais importa. Eu vim à sua cabeceira, no escuro, e aqui me ajoelhei envergonhado!
>
> Este é um frágil pedido de perdão. Eu sei que você não compreenderia essas coisas seu eu as dissesse para você enquanto estivesse acordado. Mas amanhã serei um pai de verdade! Serei seu amigo; vou sofrer quando você sofrer, e rir quando você rir. Vou morder minha língua quando a impaciência tentar me fazer falar. Vou ficar dizendo para mim mesmo, como se fosse uma oração: "Ele é só um garoto — um garotinho!"
>
> Receio que tenha visto você como um homem. Mas, olhando para você agora, amarrotado e cansado em sua cama, vejo que ainda é um bebê. Ontem mesmo você estava nos braços da sua mãe, com a cabeça em seu ombro. Eu exigi demais. Demais.

Não é profunda a influência que alguém consegue – mesmo os menores dentre nós – quando a afirmação vem limpa de nossas bocas e pura dos nossos corações? Todo o progresso e a resolução de problemas com os outros começa quando pelo menos uma das partes está disposta a pôr na mesa o que já existe de bom. A partir daí fica muito mais fácil saber por onde começar e como levar a interação para uma conclusão mutuamente benéfica.

3

Conecte-se com desejos fundamentais

No começo de 2002, a revista *Time* pôs um computador de aspecto esquisito em sua capa. Ele tinha uma pequena base arredondada, de onde saía uma brilhante haste cromada que sustentava um monitor de tela plana que podia ser puxado, empurrado, virado, baixado ou elevado com o mínimo esforço. O computador se chamava iMac e a empresa que o lançava, a Apple Computer, Inc., precisava desesperadamente que ele fosse um sucesso para se manter no mercado.[42]

A Apple sempre fora a queridinha de um nicho muito particular da computação – geralmente os tipos criativos e anticonvencionais. Mas no artigo que acompanhava a história de capa, seu CEO, Steve Jobs, anunciava uma visão totalmente nova para seus clientes.

Ele dizia acreditar que os computadores pessoais, no futuro, seriam uma "central digital" das câmeras de vídeo e fotográficas, tocadores de MP3, Palms, celulares e tocadores de DVD. Ele arriscou o futuro da empresa na visão de um lugar em que toda a vida digital poderia ser consolidada. Acompanhava o iMac um conjunto de programas que hoje são a definição da vida digital – iTunes, iPhoto e iMovie.

Críticos e concorrentes zombaram de Jobs. Alguns dos rivais de longa data da Apple chamaram o computador de "palhaçada", "bobo" e a visão de "grandiosa demais".

O público? Este abraçou a visão e a vida que aquela lhe prometia.

E a Apple Computer, Inc., agora simplesmente Apple, Inc. viu o preço de suas ações subir 4.856%. As ações do concorrente mais próximo subiram aproximadamente 14%.

Por quê?

Seria porque as outras empresas prefeririam que ninguém comprasse seus produtos? É claro que não; todas desejam ser bem-sucedidas. Todas querem ser apreciadas. Mais e mais influência, na forma de pessoas consumindo seus produtos, é o que todas procuram.

A diferença é que Steve Jobs reconheceu algo que Dale Carnegie vivia repetindo – para influenciar os outros, você precisa primeiro se conectar com um desejo fundamental dentro deles.

Essa é uma verdade universal, quer esteja lidando com clientes, crianças ou bezerros. Um dia, o famoso filósofo Ralph Waldo Emerson e seu filho tentavam levar um bezerro para dentro do estábulo. Mas não estavam indo muito bem. Eles empurravam e puxavam, mas o bezerro resistia.

A empregada percebeu o sofrimento do patrão e, embora não fosse capaz de escrever livros ou ensaios brilhantes, teve uma ideia que julgou poder resolver o problema. Ela andou até o bezerro e colocou um dedo em sua boca. Enquanto o bezerro chupava seu dedo, ela o conduziu até o estábulo.

O que a empregada sabia que o luminar filósofo tinha esquecido?

Ela sabia que um dos desejos fundamentais do bezerro era comida. Uma vez que ela se relacionou com esse desejo, o bezerro a seguiu de boa vontade.

Emerson e o filho pensaram apenas naquilo que queriam – que o bezerro entrasse no estábulo e, assim, os dois pudessem ir tomar o café da manhã. Mas o bezerro, que pastava feliz da vida seu capim, tinha pouco interesse em entrar no estábulo escuro e confinado, que restringia suas opções de alimento. Até que a empregada apareceu, ofereceu seu dedo e assim lembrou ao bezerro que havia leite quente lhe esperando.

Essa é uma excelente metáfora, porque nos lembra de duas questões fundamentais que frequentemente esquecemos quando tentamos influenciar os outros.

1. Influência requer mais intuição que intelecto. O contraste crítico entre o luminar Emerson e sua humilde empregada não é de inteligências desiguais. Embora Emerson fosse, provavelmente, o mais culto dos dois, a divergência entre eles era de intuição. A empregada tinha o que faltou a Emerson.

As pessoas tendem a atribuir muita capacidade àqueles que ocupam posições que requerem instrução e conhecimento – CEOs, chefes de departamento, médicos e bilionários. Acreditamos que essas pessoas podem mover multidões com um estalar de dedos. Mas, como notou Guy Kawasaki, antigo evangelizador da Apple, "se essa pessoa não tiver um relacionamento profundo com os outros, não terá muita influência sobre eles".[43]

A verdade é que esses indivíduos imponentes possuem condições apenas acima da média de influência, e a forma como se conquista influência não é diferente para eles do que para qualquer outra pessoa. A influência não respeita formação ou experiência; ela acompanha aquele que põe de lado seu status – seja de alto nível e poderoso, ou baixo e frágil – e se coloca no lugar do outro. Para se fazer isso são necessárias espontaneidade e perspicácia para compreender as entrelinhas de uma interação. "O essencial", escreveu Antoine de Saint Exupéry, "é invisível ao olhar." Essa é uma importante verdade para se ter em mente ao lidar com aqueles que você quer conquistar. Influenciar os outros não é uma questão de ser mais esperto do que eles, mas sim de compreender o que realmente desejam e oferecer-lhes isso em um pacote mutuamente benéfico.

"Ele sabe tão pouco e realiza tanto", disse certa vez Robert McFarlane, o terceiro dos seis Conselheiros de Segurança Nacional do presidente Ronald Reagan, encantado com seu chefe. Quando Reagan "saiu de Washington mais popular do que quando tomou posse", escreve Richard Norton Smith, ele conseguiu algo que não acontecia desde Dwight Eisenhower.[44] Como? Segundo o presidente Obama, "Reagan reconheceu a necessidade do povo americano por mudança e responsabilidade. Ele se relacionou com o que o povo já estava sentindo".[45]

2. Influência requer delicadeza. Lá estavam Emerson e seu filho em um cabo de guerra a quatro mãos e oito patas com um bezerro obstinado que se recusava a colaborar. Isso não é jeito de fazer alguém passar para o seu lado. Entra na cena, a passos largos, a empregada, com seu dedo estendido, e o bezerro que estava empacado, de repente, começa a andar de boa vontade, atraído pelo indicador dela.

Não nos esqueçamos dessa que é uma imagem memorável de como um pouco de ação pode motivar o outro. Como lembrete permanente, Dwight Eisenhower, ex-presidente dos EUA, mantinha um peso de papel em seu escritório com uma frase em latim que dizia: "Delicado nos modos, forte na ação". Não se pode questionar sua influência global.

"A ação é disparada por aquilo que realmente desejamos", escreve Harry Overstreet, autor de *Influencing Human Behavior*[46], "e o melhor conselho que se pode dar a alguém que quer ser persuasivo, seja nos negócios, em casa, na escola ou na política é: primeiro, desperte no outro uma vontade intensa. Quem conseguir isso terá o mundo todo ao seu lado. Quem não conseguir caminhará sozinho."[47]

A prática de se relacionar com desejos fundamentais pode ser aplicada nos diferentes ramos de negócio e através das fronteiras internacionais. Ela é importante para o executivo de energia da Holanda e para o produtor de cinema de Hollywood. Os esforços interpessoais que conseguem ser bem-sucedidos são aqueles em que o mensageiro para de ditar o que o interlocutor deve fazer e começa a descobrir o que ele quer. Os esforços interpessoais que inevitavelmente falham, sejam eles de colaboração corporativa, cooperação pessoal ou artística, são aqueles em que o mensageiro tenta dizer ao interlocutor o que ele quer. Isso talvez seja mais evidente na área de vendas, da qual todos nós, de certa forma, fazemos parte.

Em seu livro *Killing the Sale*[48], o autor de sucesso Todd Duncan descreve os dez erros fatais que vendedores cometem. Um deles é "argumentar", e quando não conseguimos nos relacionar com os desejos fundamentais do outro, temos a nossa parcela de culpa, não importa se nossa profissão não seja de vendas.

O erro de argumentar... é arriscar o sucesso das suas vendas através da sua habilidade de apresentar seu caso de forma convincente. É fazer um ótimo monólogo e esperar que o júri formado por seus clientes seja convencido a ficar do seu lado. Mas... o estabelecimento de um nível inicial de confiança necessita de mais do que um monólogo bem articulado. Precisa de um diálogo. Isso requer conversa de verdade. Não há outra forma de saber se o seu produto ou serviço atenderá às necessidades [dos clientes].[49]

Mais adiante ele cita o dr. Theodore Zeldin, autor de *Conversação*, que vai direto ao ponto: "A conversa verdadeira pega fogo".[50]

É difícil de entender por que, dos milhões gastos em marketing e gestão de marca todos os anos, uma grande parte seja gasta nas vontades e nos caprichos dos mensageiros em vez de se investir nos desejos fundamentais dos destinatários da mensagem. Nós formamos uma imagem na cabeça daquilo que queremos ser ou de como desejamos que os outros percebam aquilo que estamos oferecendo. Então, passamos mais tempo trabalhando e polindo essa imagem do que nos certificando de que essa imagem realmente importa para quem deveria importar. Muitos indivíduos e organizações investem mais recursos em campanhas do que em relacionamentos. Deveria ser o contrário.

Veja a tabela de comparação que Todd Duncan montou justapondo o que as duas formas de comunicação interpessoal dizem a respeito do emissor:[51]

Diálogo	Monólogo
Atencioso	Vaidoso
Autêntico	Falso
Transparente	Manipulador
Seguro de si	Carente
Interessado em atender necessidades	Interessado em ganhar dinheiro
Estabelece confiança	Estabelece tensão

É claro que ao se conectar com os desejos fundamentais das pessoas você não estará conquistando o mundo. Mas, sem essa abordagem, será difícil se aproximar dos outros. Eles não escutarão você e irão procurar outras coisas ou outras pessoas mais envolventes. E as opções são infinitas nesse mundo que Steve Jobs viu em 2002.

Felizmente, a maioria dos e-mails corporativos, tuítes empresariais e blogues comerciais são monólogos destinados a transmitir opiniões, fixar marcas, lançar produtos e construir personalidades. Exatamente por isso, a pessoa que fala com o espírito do diálogo e do altruísmo consegue uma vantagem significativa.

Como você faz para saber se tem essa vantagem?

Um levantamento honesto do seu poder de impacto é geralmente suficiente. Seus empregados realmente vestiram a camisa ou permanecem em um ciclo de altos e baixos? Você está confiante que seu casamento vive um bom momento, mas o que seu cônjuge tem a dizer? Você insiste que seus clientes ficaram impressionados com seus novos produtos; sua receita de vendas concorda? Você diz que sua marca está conquistando a nação, mas que padrão está usando para medir reconhecimento de marca?

Em *The Seven Arts of Change*[52] o autor David Shaner esclarece a diferença entre aqueles que realmente se relacionam com os desejos fundamentais dos outros e aqueles que estão brincando de influência da mesma forma que crianças brincam de médico. Ele escreveu:

> Praticamente todo estudo de mudança organizacional feito nas últimas duas décadas mostra que as empresas não conseguem fazer a mudança que pretendem em cerca de 70% dos casos. [...] Para que a mudança organizacional possa ter sucesso, primeiro ela precisa acontecer em um sutil nível espiritual nos indivíduos da organização. [...] Toda transformação duradoura precisa começar assim, porque, em última análise, o seu espírito e o meu são os motores do nosso comportamento.[53]

A verdadeira mudança nasce de uma troca interpessoal que alcança o íntimo de um indivíduo. A explicação de Shaner acertou no alvo, como era de se esperar. Sua empresa, CONNECT Consulting, há trinta anos auxilia corporações multinacionais como Duracell, Ryobi, MARC USA e SVP Worldwide a empreender esforços de mudança organizacional. Suas palavras nos alertam para o fato de que nenhuma estratégia de campanha institucional ou de comunicação individual conquista capacidade de influenciar até que se conecte com o que é fundamental para as pessoas. Trata-se de um princípio essencial em todos os seus esforços para influenciar os outros, seja sua audiência uma criança de cinco anos ou cinco mil empregados.

Um ex-ministro da Educação dos EUA contou, certa vez, que não tinha aprendido esse elemento essencial da comunicação até depois do seu primeiro ano no ministério.

Ele acreditava estar indo bem. Foi a campo e fez discursos, e as pessoas aplaudiram e sorriram. Ele compareceu a muitos jantares e reuniões de gala, e tudo parecia correr a mil maravilhas. Mas qual o resultado?

Quando voltou para casa, no Natal, com tempo para refletir, ele percebeu que, apesar da boa visibilidade que vinha tendo e do futuro altamente promissor, nada tinha mudado de verdade no seu ministério. Cinco mil funcionários chegavam para trabalhar todos os dias. Eles faziam o trabalho que lhes era designado. Iam para casa. Havia movimento, mas pouco, se é que algo se movia, dentro ou fora do escritório.

Ele queria entender por quê. Durante os primeiros dois meses do ano seguinte ele passou muito tempo com as pessoas que realmente tocavam o Ministério da Educação – os funcionários de carreira que faziam a máquina funcionar não importando qual partido estivesse na Casa Branca. Ele chegou à conclusão de que, embora estivesse na ponte de comando girando o timão, este não estava conectado a nada. E como ele não tinha autoridade para contratar ou demitir os funcionários concursados, o único modo pelo qual ele conseguiria influenciar o progresso positivo no ministério seria conquistando os funcionários. O problema era que eles viam políticos irem e virem. E tinham se cansado e se tornado cínicos, desistindo de esperar a inspiração vir de cima.

A esposa do ministro sugeriu que a forma de conquistá-los seria lembrando-os que ele era apaixonado por educação, e que ele deveria fazer isso não com palavras, mas com ações. "Vá às escolas, passe algum tempo com as crianças. Atue no varejo. Todos vão reparar, porque é com isso que eles se importam."

"Eu não trabalho no varejo", bufou ele. "Eu sou o ministro da Educação. Meu negócio é o atacado."

Sua esposa, filha de um vendedor, sorriu. "Querido", disse ela, "se você não sabe trabalhar no varejo, nunca vai chegar ao atacado."

Ela tinha razão, e o ministro compreendeu isso.

Durante o ano seguinte ele arregaçou as mangas e viajou pelo país, leu histórias, ouviu professores e se lembrou de como gostava de educação. Foi uma vitória pessoal. O mais importante, contudo, foi o efeito de suas ações nos seus funcionários. A paixão deles foi reavivada – a paixão pelas tarefas diárias, por uma educação melhor, para mais oportunidades para mais famílias. Eles foram inspirados pelo trabalho do ministro porque suas ações tinham realizado algo que os discursos e as reuniões de gala não conseguiram. Elas se conectaram a um desejo fundamental dos incansáveis funcionários do Ministério da Educação: propósitos. Eles queriam acreditar novamente. Eles precisavam ser relembrados que seu trabalho ainda era importante. O secretário lhes ofereceu esse lembrete, e isso mudou dramaticamente a maré.[54]

Em nosso mundo apressado é fácil não empregar o mesmo nível de análise do ministro. Como grande parte da nossa comunicação digital é de mão única, acabamos acreditando que temos oportunidades limitadas de descobrir a perspectiva do outro. Ainda que nos comuniquemos com mais e mais pessoas a cada dia, tornamo-nos mais isolados em nossa abordagem. Estamos muito mais inclinados a nos concentrar em como transmitir melhor nossos pontos de vista rápida e amplamente. Não é isso que vemos à nossa volta?

É tão fácil nos perdermos na correria que acabamos por esquecer o que estamos procurando: relacionamento, influência, acordo, colaboração. Começamos a acreditar que podemos ganhar a batalha apenas com frequência e alguma originalidade – estratégias úteis no contexto correto, mas muito insuficientes se forem suas únicas estratégias de influência.

Existe um lado bom, contudo, para essa torrente interminável de comunicação unidirecional, que vai da postura corporativa ao posicionamento de celebridades. Hoje, com alguns cliques de mouse podemos aprender bastante sobre os pontos de vista e objetivos das outras pessoas.

Antes nós discutimos os perigos de usar seu espaço digital para dar vazão às suas queixas. A maioria de nós tem discernimento sobre o que divulgar. Revelamos o que nos interessa, o que pensamos a respeito dos acontecimentos, o que amamos e o que esperamos que aconteça em breve. Esses pedaços de informação formam um corpo de conhecimento que oferece pistas ou mesmo informações claras sobre nossos desejos fundamentais. Esse conhecimento é valiosíssimo no que diz respeito à influência, porque, assim como o bezerro que só queria mais comida, nós só nos movemos na direção daquilo que nos interessa.

PARTE 2

Seis modos de criar uma impressão duradoura

1

Interesse-se pelos interesses dos outros

Quando se trata de aprender a forma mais rápida de se fazer amigos, devemos nos virar para a pessoa com mais seguidores no Twitter, o blogueiro com mais diggs, o vendedor mais experiente ou o político mais poderoso?

Embora cada um deles possa se gabar de ter muitos seguidores, e embora cada um possa, provavelmente, oferecer bons conselhos, talvez essas pessoas não sejam os melhores exemplos para nós. Na verdade, os melhores exemplos podem não ser pessoas. Talvez sejam os cachorros.

Não importa se saímos por dois minutos ou se viajamos por duas semanas, os cachorros festejam nosso retorno como se fôssemos heróis. Eles nunca fazem pouco de nós, ou debocham de nós, ou nos deixam esperando em encontros. Eles existem para ser nossos amigos, para orbitar ao redor de nós, centros de sua existência. Eles não ficam felizes simplesmente por estar perto de nós?

O cachorro é chamado de melhor amigo do homem por uma razão. Histórias de lealdade canina tornaram-se lendárias. O grande poeta Byron escreveu que seu cão Boatswain "tinha todas as virtudes do homem e nenhum de seus vícios"[55]. Essas são histórias atuais. *A dog year*[56], de John Katz, e *Marley e eu*, de John Grogan, são histórias de amor escritas por homens em luto pelo falecimento de seus cães.

Os cachorros sabem, por algum instinto divino, que se faz mais amigos em poucos minutos ao se interessar sinceramente pelas outras pessoas do que em meses tentando fazer os outros se interessarem por você. Isso é mais do que uma banalidade peluda de quatro patas. É um princípio primário, sem o qual nenhuma pessoa consegue influência em seus relacionamentos com os outros. A grande ironia das relações humanas – principalmente quando vistas através de olhos caninos – é que nosso desejo de ser importante na vida dos outros deveria ser fácil de satisfazer, mas nós conseguimos complicar o assunto; nossa maior luta é contra o egoísmo, que é o maior impedimento à amizade.

O fato de que somos, nós mesmos, nosso principal interesse não é um fenômeno tão novo quanto o Twitter ou o Facebook. Ele é anterior ao Orkut e ao MySpace. Ele surgiu antes dos celulares, do e-mail e da internet. Na década de 1930, quando Carnegie escrevia o manuscrito original deste livro, a empresa telefônica de Nova York fez um estudo detalhado das conversas de telefone para descobrir qual palavra era utilizada com mais frequência. O pronome pessoal "eu" foi usado 3.900 vezes em 500 conversas telefônicas.

Nosso egoísmo, ou, mais educadamente, nosso autointeresse, povoa as lições morais das grandes fábulas. Ícaro voa na direção do calor solar, o que derrete a cera das suas asas e o envia para um mergulho no oceano. Ele estava pensando só nele mesmo, ignorando os apelos do pai. Peter Rabbit provoca a fúria do sr. McGregor por desobedecer a ordem de sua mãe para permanecer fora. Por que Adão e Eva desobedeceram a Deus no Jardim do Éden? Porque só estavam pensando neles mesmos.

Esse autointeresse não é algo que alguém vá mudar. Trata-se de uma realidade física, como a lei da gravidade. Nós nascemos com tendências de lutar ou fugir. Isso quer dizer que nosso conjunto de palavras e ações é direcionado à autopreservação. Ainda assim, frequentemente nos esquecemos contra quem lutamos e do destino da nossa fuga.

Se não tomarmos cuidado, nossa autodefesa pode se transformar em autodetenção, afastando-nos de interações significativas e, em alguns casos, impedindo-nos totalmente de desenvolver um progresso interpessoal.

Se não tomarmos cuidado, o destino para o qual fugimos pode se tornar uma ilha solitária e isolada.

Assim como a cidade de Troia, cujas muralhas intransponíveis tornaram-se o motivo de sua derrocada, nós podemos nos isolar até atingirmos a insignificância interpessoal.

"O indivíduo que não tem interesse em seus irmãos humanos", escreveu Alfred Adler, famoso psicólogo vienense, "é o que tem as maiores dificuldades na vida e provoca o maior dano aos outros. É desse tipo de indivíduo que nascem todas as falhas humanas."

Essa é uma declaração bastante audaciosa, mas é baseada em fatos. Os maiores fracassos da humanidade, como os campos de morte do Camboja ou o colapso do Lehman Brothers, foram resultado de pessoas interessadas apenas em si mesmas, pouco se importando para os danos colaterais.

Esses exemplos são extremos, mas as versões do dia a dia são igualmente perturbadoras. O diretor pego aceitando suborno nunca pensou nos acionistas que contavam com aquelas ações para a aposentadoria. O atleta profissional que usou doping nunca se importou em como suas ações afetariam seus colegas de equipe, o futuro do seu time ou o esporte que ele diz amar. O marido e pai pego na mentira estava mais interessado em preservar sua vida dupla do que em proteger os sentimentos da sua família.

Ainda assim, a ruína causada pela autopreservação é maior do que essas catástrofes. Releia a frase: "O indivíduo que não tem interesse em seus irmãos humanos é o que tem as maiores dificuldades na vida". Adler está simplesmente explicando que uma vida egoísta é a forma mais problemática de se viver. Uma vida em constante luta pessoal, poucos amigos verdadeiros, influência passageira e superficial.

Esse pode parecer um princípio agourento para uma época em que remoemos nossas preocupações e transmitimos nossos interesses para todo o mundo. Mas a antiga máxima continua verdadeira: "Aquele que exaltar a si mesmo será humilhado, e aquele que humilhar a si mesmo será exaltado".[57] Nossa eficácia com os outros, em última análise, é uma questão de motivo e mercadoria. Por que, afinal, você está se comunicando, e o que, afinal, está promovendo? Hoje as pessoas estão mais informadas que nunca e, portanto, são mais intuitivas. A maioria de nós vê claramente quando a mensagem é para benefício exclusivo do emissor.

Nós enxergamos os truques a quilômetros de distância. Nós fugimos de abordagens dissimuladas. Mas, ao contrário, somos atraídos pelo que parece real e duradouro. Nós abraçamos aqueles cuja mensagem oferece benefícios mútuos.[58]

Andrew Sullivan, um dos principais blogueiros políticos do mundo, tem refletido sobre essas questões por mais de uma década. Sullivan, que foi o editor-chefe mais jovem da venerável *New Republic*, foi diagnosticado como portador de HIV no início dos anos 1990, quando isso ainda era uma sentença de morte. Após deixar essa posição de editor-chefe, Sullivan tornou-se um dos primeiros blogueiros políticos da internet, recebendo mais de 300 mil visitantes únicos por mês em 2003.

Uma das coisas que distingue Sullivan de seus colegas é a incomparável interação com seus leitores. Ele queria que seu blogue, "The Daily Dish", abordasse mais que política; ele queria leitores leais e queria, de verdade, saber mais sobre as pessoas que o seguiam.

Ele surgiu com a ideia de "vista da sua janela": Sullivan pedia a seus leitores que enviassem fotos do mundo fora de suas casas. Como a maioria das coisas na internet, ele não sabia se iria funcionar. "Eu queria ver o mundo deles", explicou, "eu dava acesso ao meu mundo a toda essa gente, mas interações de mão única são um tédio."[59] A iniciativa se mostrou instigante e logo criou uma ligação com seus leitores. Depois que essa característica sociável foi introduzida, o trabalho de Sullivan tornou-se central para a estratégia on-line do *The Atlantic Monthly* e o tráfego do site aumentou em 30%. Não é surpresa que o blogue robusto de Sullivan continue hoje em seu novo lar na *Newsweek* e na *The Daily Beast*. As pessoas são atraídas por quem se importa e se interessa por elas.

A ironia desse princípio – interesse-se pelos interesses dos outros – é que sua eficácia está baseada nos outros pensando em si mesmos. Sua eficácia, na essência, requer o autointeresse dos outros. Há duas coisas para se dizer a respeito.

Primeiro, o autointeresse, em sua forma mais pura, faz parte da natureza humana – lutar ou fugir é um fato. O princípio em discussão não nega a existência do autointeresse em nossas vidas. Ao contrário, ele indica que a maioria das pessoas, na maioria dos dias, esquece do outro lado da equação humana – os outros. A maioria leva o autointeresse para seu modo mais extremo – o egoísmo. A eficácia desse princípio está, portanto, relacionada diretamente com a pouca frequência com que, hoje em dia, a maioria das pessoas escolhe não pensar nelas mesmas. Assim, quem decide se interessar pelos interesses dos outros diariamente acaba se destacando. Nós nos lembramos dessas pessoas, tornamo-nos seus amigos e passamos a confiar mais nelas. Influência é, em última análise, um produto da confiança – quanto maior a confiança, maior a influência.

Segundo, o ápice desse princípio não é a anulação de si mesmo. Repare que o princípio não diz "substitua seus interesses pelos dos outros", mas "interesse-se pelos interesses dos outros". Esse é o segredo para sua utilização. Quando você incorpora os interesses dos outros nos seus próprios – não apenas para elucidar seu mercado ou perscrutar seu público – você descobre que os seus interesses são atendidos no processo de ajudar os outros.

Veja a autora de sucesso Anne Rice, que já vendeu mais de 110 milhões de livros. Sua carreira alcançou sucesso com seus famosos livros de vampiro, incluindo *Entrevista com o vampiro,* que foi adaptado para o cinema. Ainda que ela seja uma escritora talentosa, uma boa parte do seu sucesso pode ser creditada ao interesse genuíno que ela tem nos seus leitores. Ela responde a toda correspondência que recebe. Isso significou, em certos momentos, empregar três pessoas em período integral para atender à demanda.

Seu interesse nos outros não foi forjado pelo bem da venda de seus livros. "Eu tinha a impressão", explica ela, "que as pessoas eram gentis e generosas por se interessarem por mim. Como eu poderia não lhes responder? Eu queria que as pessoas soubessem que eu tinha gostado das cartas e também delas."[60]

Recentemente, Rice passou a usar Facebook e Twitter, o que lhe pôs em contato mais direto com os fãs. "Ah, é tão maravilhoso", disse ela. "Conversamos sobre tantas coisas."[61]

Ela chama sua comunidade de "Povo da Página" e recentemente escreveu que "acredito que devemos nos lembrar que o Facebook e a internet são aquilo que nós fazemos. Esta página conseguiu algo extraordinário e ímpar. Ela é uma comunidade verdadeira, infinitamente mais poderosa do que a soma de suas partes, e eu agradeço a vocês por torná-la o que é, por participar de tantas e tão inspiradoras discussões".[62]

Esse resultado é tão importante para o dono de uma empresa quanto para escritores e blogueiros.

Em seu celebrado tratado, *Bass-Ackward Business*, o empresário Steve Beecham admite sumariamente:

> Eu nunca me considerei um empresário brilhante. [...] O país passava por um dos períodos mais fortes de refinanciamento de todos os tempos e [...] eu entrei nessa com os dois pés. Infelizmente, o poço do refinanciamento secou antes que eu molhasse os pés. Fiquei seis meses sem fechar nenhum negócio e, quando finalmente fechei um, era para a casa do meu irmão. [...] Em vez de recomeçar, procurei um modo de fazer meu negócio dar certo. Foi aí que meu destino começou a virar.[63]

Beecham já fracassara em dois empreendimentos – uma loja de varejo e uma empresa de reciclagem – antes de sua tentativa no ramo do financiamento de imóveis. Ele tinha todos os motivos para enfiar a viola no saco e cair fora ou pensar em deixar que outra pessoa assumisse o controle. Ele resistiu tempo suficiente para ver que sua abordagem estava errada desde o início. Ele procurava negócios enquanto deveria ter procurado relacionamentos.

Mais adiante, ele descreve um encontro inesperado, em um estacionamento, com uma celebridade generosa que lhe ensinou o valor fundamental de se interessar pelos interesses dos outros:

> Antes que eu pudesse falar qualquer coisa, ele começou a me fazer perguntas [...] Onde você nasceu? No que você trabalha? Onde estudou? Quais os nomes dos seus filhos? Eu saí daquele encontro me sentindo mais importante [...] De uma forma sutil e modesta, ele se elevou no meu pensamento.

Aquele encontro ensinara uma lição valiosa a Beecham. Daquele dia em diante, ele se comprometeu a fazer perguntas bem pensadas a toda nova pessoa que conhecesse e também aos conhecidos de quem soubesse pouco. "Especificamente", explica ele, "decidi que me tornaria um solucionador de problemas e facilitador [...] sem precondições. Foi aí que meus negócios começaram não apenas a tomar rumo; eles começaram a decolar."

Em uma questão de meses o trabalho de Beecham tornou-se uma carreira lucrativa, e logo seu sucesso foi tanto que ele abriu uma financeira de imóveis que, desde sua origem, tem se mantido no topo. Talvez o mais significativo seja que, por uma década, cem por cento dos seus clientes vêm através de indicações. Ele estima que, a cada dia, um quarto dos telefonemas que seu escritório recebe não tem nenhuma relação com a obtenção de um financiamento – algo de que ele tem muito orgulho. Geralmente, são pessoas ligando com perguntas do tipo "que oficina você recomenda para eu levar meu carro?", "aonde devo levar meus sogros para jantar?" e "com quem você sugere que eu faça meu seguro de vida?".

Ele explica que essas pessoas ligam porque ele se tornou conhecido como o cara das respostas em uma grande rede de amigos. "Eu não cheguei a isso oferecendo seminários gratuitos sobre financiamento da casa própria, nem mandando fazer um cartaz enorme com meu rosto confiável e seguro", brinca Beecham. "Eu consegui essa posição ajudando as pessoas sem condicionar a ajuda aos negócios. É por isso que Thoreau escreveu 'a bondade é o único investimento que não dá errado.'"[64]

Esse mesmo espírito de relacionamento está ao alcance de todos nós em cada interação. É simples se pôr em movimento motivado apenas pela vontade de conhecer outras pessoas e ajudá-las a resolver problemas ou promover alguma atividade. Esse é o segredo simples para o que Beecham chama de "bass-ackward business"[65]. Mas a verdade é que a forma típica com que os outros se comportam nos relacionamentos comerciais é que parecem estar do avesso.

"Eu coço as suas costas se você coçar as minhas" – isso não é reciprocidade, é uma permuta, uma trajetória totalmente diferente que acaba com a magia. E é a magia do desinteresse que torna as interações tão memoráveis. É o que nos atrai; a confiança e um sentimento genuíno de comunidade e de identificação.

Hoje em dia simplesmente não existe uma desculpa para não se interessar pelos interesses dos outros. Mesmo que você não esteja envolvido ativamente em clubes, grupos ou organizações onde as interações face a face sejam possíveis, ainda existe uma abundância de oportunidades para se conhecer os interesses e as preocupações dos outros. O que aconteceria se você gastasse cinco minutos por dia lendo as páginas de três amigos no Facebook, as biografias profissionais de três clientes, ou os blogues pessoais de três empregados que você ainda não teve tempo de conhecer bem? Para começar, certamente você aprenderia algo sobre eles que ainda não sabia. Também é provável que comece a valorizá-los mais. Talvez você tenha interesses semelhantes, e terá assunto para futuras conversas ou parcerias. Talvez um deles esteja passando por dificuldades, o que é uma oportunidade para demonstrações de solidariedade e encorajamento. Talvez vocês tenham amigos em comum, o que tornaria seu relacionamento mais fácil, pois a confiança já está estabelecida pelo amigo mútuo e vocês já possuem tempo investido em experiências em comum. Não se pode subestimar a importância da afinidade.

"Temos a tendência de não gostar daquilo que desconhecemos", blogou Amy Martin, fundadora da Digital Royalty, integradora de mídias sociais e uma das "20 mulheres melhor posicionadas no Twitter", segundo a revista *Forbes*, depois de sua primeira experiência com a NASCAR.[66] "Muita gente não compreende, ou melhor, não 'saca'... o chamado 'dia chato de curvas para a esquerda'." Ela estava entre essa gente antes de comparecer ao Daytona 500 de 2011. Pouco depois ela escreveu um artigo em seu blog elogiando a NASCAR por estabelecer uma conexão genuína com sua base de fãs, conseguindo um nível de influência raro nos esportes profissionais.

"Aqui está o que eu aprendi", escreve ela. "Os pilotos respondem a perguntas dos fãs e dão autógrafos no dia da corrida. O Daytona 500 é o dia mais importante do ano para a NASCAR. Eu acho que Brett Favre não ficou batendo papo com milhares de fãs no dia do Super Bowl. Eu recebi uma credencial 'mágica' que me permitia ir a qualquer lugar. Era desconfortavelmente animador ter acesso ilimitado, e às vezes eu ficava preocupada se não estava atrapalhando. Eu estava no meio da encrenca e não era a única. Resumindo, os fãs têm acesso."

Quanto a por que Amy Martin acredita que a operação da NASCAR é uma opção inteligente para qualquer esporte, ela cita as seguintes razões:

- Acesso leva à ligação (os fãs têm acesso à pista de corrida).
- Ligação leva a relacionamentos (de todas as idades).
- Relacionamentos levam à afinidade (não se pode fingir esta afinidade).
- Afinidade leva à influência (há uma razão pela qual tantas marcas são atraídas para a NASCAR).
- Influência leva à conversão (esses fãs provavelmente comprariam qualquer coisa endossada pelo piloto).

Martin termina seu artigo com uma menção ao potencial de alcance da conectividade genuína da NASCAR com sua base de fãs – 150 mil fãs nas arquibancadas e 30 milhões de telespectadores – caso a organização das corridas abraçasse as oportunidades que a era digital lhe oferece. "O potencial é enorme", escreve ela, "quando se aplica esse mesmo tipo de acesso através das mídias sociais a uma audiência maior. E se esse tipo de acesso aos bastidores de que os fãs desfrutam fisicamente na Daytona 500 fosse oferecido aos bilhões de fãs em potencial [através de Facebook, Twitter e Youtube] que não assistem a corrida na TV?"[67]

O artigo de Amy Martin liga os dois pontos principais em se interessar pelos interesses dos outros:

1. As relações humanas são sempre mais fáceis quando começam a partir de uma afinidade.
2. O potencial de conectividade relacional é astronômico.

A conclusão é que você precisa se interessar genuinamente pelos outros antes que possa esperar que se interessem por você. "Sendo todo o resto igual", disse recentemente o autor John Maxwell em uma entrevista, "as pessoas fazem negócios com quem elas gostam. Não sendo todo o resto igual, também é assim." Nós gostamos de pessoas que gostam de nós. Assim, para que gostem de você é necessário mostrar admiração pelo que os outros fazem e dizem.

Muito se tem dito que as pessoas já não têm interesse nos outros. O foco no "eu" domina a forma como pensamos, agimos e nos comunicamos. Ainda assim, você tem muitas oportunidades para se manter conectado, para aprender mais e mostrar seu interesse.

Ao mudar uma pequena parte do seu dia você pode mudar dramaticamente a forma como os outros percebem seu nível de interesse neles.

Ao mudar a estratégia de relacionamento com seus clientes você pode mudar dramaticamente a forma como o mercado enxerga sua empresa.

Em vez de passar seus dias refinando seus meios digitais, passe tempo relacionando-se com seus amigos, colegas e clientes. Publique notas breves e positivas. Interaja com eles e descubra de que forma pode ajudá-los a solucionar problemas ou que atividades pode ajudar a promover – todos somos movidos por prazer e dor, então essas oportunidades existem em todas as pessoas. Quando você é sincero em seus esforços para se conectar com os outros, são maiores as chances de ocorrerem relacionamentos significativos. Assim é possível a colaboração progressiva, mutuamente benéfica. E ligação e colaboração genuínas podem rapidamente se tornar contagiosas.

2

Sorria

Conseguir que as pessoas concordem com tudo é praticamente impossível. O passeio de Neil Armstrong pela Lua em 1969, por exemplo. No Reino Unido, apenas 75% das pessoas acreditam que ele realmente aconteceu.[68] E apenas 94% dos americanos acreditam que o homem andou pela Lua.[69] Em países como México, China e Indonésia, menos do que um terço dos entrevistados acredita que a Al Qaeda teve alguma relação com os ataques de 11 de setembro em Nova York e Washington. Nos Estados Unidos, 16% das pessoas creem que foram explosivos colocados nas torres, e não jatos comerciais com passageiros que derrubaram o World Trade Center.[70] Cerca de metade dos cidadãos da União Europeia acredita em Deus.[71]

Contudo, existe algo que nos une. De acordo com a Academia Americana de Odontologia Cosmética, 99,7% dos adultos acreditam que o sorriso é um importante recurso social.[72] Essa é uma estatística difícil de refutar, mesmo que o seu ramo não seja cuidar de sorrisos.

Somos atraídos por sorrisos e risadas. Pense nos vídeos mais vistos de todos os tempos do YouTube. Os dois mais populares são sobre sorrisos. No mais visto, Harry, um garoto de três anos do Reino Unido, e seu irmão um ano mais velho, Charlie, brincam em frente à câmera quando Charlie pega um dos dedos de Harry e enfia na boca. Logo depois, Charlie fecha a boca e Harry grita, recolhendo o dedo. Charlie sorri o tempo todo. O sorriso acaba vencendo quando Harry também abre um sorriso que logo é acompanhado por risadinhas.[73] O outro vídeo é da Suécia. Ele mostra um bebê que sorri, ri e dá gargalhadas em resposta aos sons bobos que seus pais emitem. São quase dois minutos de sorrisos que provocam cãibras no rosto. Meio bilhão de acessos, nos dois vídeos, dizem-nos o que precisamos saber. Sorrisos transmitem uma mensagem que gostamos de receber.

"Sorrir é inato", diz Daniel McNeill, autor de *The Face: A Natural History*. "Uma espécie de sorriso", escreve ele, "aparece entre duas e doze horas após o nascimento." Ninguém sabe se esse sorriso tem algum significado – McNeill suspeita que eles não tenham –, mas estudos mostram que eles são essenciais para a ligação com a mãe. O que ninguém discute, contudo, é o poder de um sorriso, não importando sua origem.

McNeill observa que, enquanto "os juízes togados atribuem culpa igualmente a sorridentes e carrancudos, eles dão penas mais leves aos sorridentes, um fenômeno chamado de 'efeito da leniência sorridente'".[74]

Sorrisos também possuem um efeito multiplicador.

Nicholas Christakis, médico e sociólogo de Harvard, e James Fowler, cientista político com especialização em redes sociais na Universidade da Califórnia em San Diego, publicaram um relatório no *British Medical Journal*, em 2008, intitulado "Disseminação dinâmica da felicidade em uma grande rede social". Eles sabiam que emoções podem se espalhar por períodos curtos de tempo de pessoa para pessoa, em um processo conhecido como "contágio emocional". Mas eles queriam saber a amplidão e a sustentabilidade da disseminação da felicidade em redes sociais.

Eles acompanharam 4.739 pessoas de 1983 a 2003. Esses indivíduos estavam inseridos em uma rede, maior, de 12.067 pessoas, e possuíam uma média de 11 conexões com outros (incluindo amigos, família, colegas e vizinhos); e sua felicidade era avaliada a cada poucos anos com o uso de uma medida padrão.

Suas descobertas confirmaram o impacto de uma pessoa feliz – o que é comunicado diretamente através do sorriso. Redes sociais, concluíram eles, têm grupos de pessoas felizes e infelizes dentro de si, com um alcance de três graus de separação. A felicidade de uma pessoa está relacionada à felicidade de seus amigos, dos amigos dos amigos, e dos amigos dos amigos dos amigos; ou seja, sua felicidade está relacionada a pessoas bem além de seu horizonte social. Descobrimos que indivíduos felizes tendem a estar no centro de sua rede social e em grandes grupos de pessoas felizes. E nós descobrimos que cada amigo feliz adicional aumenta a possibilidade de uma pessoa ser feliz em cerca de 9%. Para efeito de comparação, ter uma renda extra de US$ 5.000 (por ano, em dólares de 1984) aumenta a probabilidade de ser feliz em cerca de 2%. Felicidade, resumindo, não é apenas uma função da experiência pessoal, mas também uma propriedade de grupos.[75]

Mas e quanto à vida desde 2003? Será que nossas muralhas digitais, cada vez mais presentes, represam as emoções em vez de encorajá-las? A felicidade pode se espalhar em um mundo de bits e bytes? A resposta que eles encontraram foi sim – se pudermos ver que as pessoas estão sorrindo.

Christakis e Fowler deram continuidade a seu primeiro estudo observando um grupo de 1.700 alunos de faculdade conectados pelo Facebook. Eles analisaram seus perfis, determinaram os amigos mais próximos e, dessa vez, estudaram as fotografias de todos, observando aqueles que sorriam nas fotos e aqueles que não sorriam. Então eles mapearam as fotografias baseando-se em quem sorria ou não. Cada estudante foi representado por um nó e cada linha entre dois nós indicava que os indivíduos conectados estavam marcados juntos em uma foto. Estudantes que sorriam (e rodeados por pessoas sorridentes em sua rede) recebiam a cor amarela. Estudantes carrancudos (e rodeados por gente com o mesmo aspecto) recebiam a cor azul. E, finalmente, os nós verdes indicavam uma mistura de amigos sorridentes e carrancudos.

O mapa mostrava, de forma clara, como os nós amarelos (sorridentes) e azuis (carrancudos) se agrupavam fortemente, com os grupos amarelos mostrando-se muito maiores e mais populosos do que os azuis. Além disso, os carrancudos pareciam estar "localizados mais perifericamente na rede", principalmente nas bordas do mapa.

Isso não foi surpresa para Christakis e Fowler, que observaram:

> Análise estatística da rede mostra que as pessoas que sorriem tendem a possuir mais amigos (sorrir lhe traz, em média, um amigo a mais, o que é muito bom, considerando que as pessoas têm, apenas, cerca de seis amigos próximos). A análise estatística também mostra que aqueles que sorriem são mensuravelmente mais centrais à rede do que aqueles que não sorriem. Isto é, se você sorrir terá uma probabilidade menor de ficar na periferia do mundo on-line.

Em suas reflexões finais depois de notar o número grande e frequente de grupos de nós rodeando as pessoas sorridentes, e os nós periféricos e espaçados de pessoas carrancudas, eles escreveram: "Assim, parece-nos que, tanto on-line como off-line, quando você sorri o mundo sorri com você".

Existe uma razão simples para esse fenômeno: quando nós sorrimos, fazemos as pessoas saberem que estamos felizes por estar com elas, felizes por encontrá-las e felizes por interagir com elas. Por sua vez, elas sentem-se felizes por estarem lidando conosco. Para alguém que viu uma dúzia de pessoas franzirem ou virarem o rosto, seu sorriso é como o sol irrompendo entre as nuvens. Seu sorriso é, frequentemente, o primeiro mensageiro da sua boa vontade.

É claro que nem sempre nós temos vontade de sorrir, mas se fizermos o esforço, não apenas quem está à nossa volta ficará mais feliz como nós também ficaremos mais felizes. Talvez você não seja uma pessoa exuberante, extrovertida, mas um simples sorriso requer pouco esforço – e a recompensa pode ser surpreendente.

Ao longo da década passada, enquanto e-mail e sms suplantavam a comunicação oral, nós fomos seduzidos pela ideia falaciosa de que vivemos em um deserto emocional. Empreendedores, empresários e muitos profissionais conduziram seus negócios com o mínimo de interação tangível. Muitas das mídias bidimensionais nos permitem esquecer, de vez em quando, a importância de um sorriso.

De muitas formas, os sms e e-mails de hoje são como o telégrafo de antigamente, que também tinha sua parcela de problemas. Certa vez, um repórter telegrafou ao ator Cary Grant perguntando sua idade. "HOW OLD CARY GRANT?" era a mensagem.

O ator respondeu "OLD CARY GRANT FINE. HOW YOU?".[76]

A tendência humana à incompreensão é claramente grande. Acrescente tecnologia e ela se torna inevitável. O telegrama era onipresente, mas a tecnologia atual pode ser sufocante.

Em 1929, no auge do telegrama, 200 milhões deles foram enviados. Em abril de 2010 cerca de 300 bilhões de mensagens de e-mail foram enviadas todos os dias.[77] Acrescente a isso uma infinidade de sms, mensagens instantâneas, publicações em murais, tuítes e é de espantar que o mundo não tenha entrado em colapso.

Ainda bem que existem os sorrisos, que são melhores do que qualquer outra coisa para esclarecer nossas mensagens – ainda que eles assumam a forma dos tradicionais *emoticons* – rostinhos compostos de caracteres comuns do teclado, pensados para dar o muito necessário contexto às nossas comunicações.

Reconhecendo as limitações desses símbolos, as três maiores empresas de telefonia celular do Japão – NTT DoCoMo, au e Softbank Mobile – criaram os *emojis*, figuras coloridas que representam uma grande variedade de emoções e símbolos para tentar emular a experiência face a face. A Google adotou essas figuras para sua plataforma de e-mail, e elas estão sendo rapidamente integradas aos iPhones. Mas, ainda que esses símbolos inteligentes sejam calorosos, dificilmente irão aparecer na sua próxima mensagem digital para um diretor da sua empresa, um empregado problemático ou um cliente prospectivo. Emoticons são usados para conversas informais, e são úteis nesse contexto. Como, então, fazemos para sorrir nas mídias digitais quando é necessário manter certo nível de profissionalismo?

Não há dúvida que deixar o outro ver você sorrir é o que há de mais eficaz, mas como tantas de nossas interações, hoje, não são face a face, você precisa usar seus recursos para superar os obstáculos à exibição de cordialidade no espaço digital. E isso pode ser mais simples do que você imagina.

Além dos emoticons e emojis, só existe um meio para se expressar um sorriso digital – sua voz, seja falada ou escrita. A forma como você escreve o e-mail, o tom usado e as palavras escolhidas são ferramentas críticas de cordialidade e subsequente influência. Suas palavras escritas são como os cantos da sua boca: viram-se para cima, permanecem retos ou viram-se para baixo. O efeito resultante – se as palavras conquistam amizade e influência – tem muito a ver com a trajetória linear das emoções que transmitem.

Sorria através das suas palavras escritas e você estará informando aos outros que o bem-estar deles é importante para você. Você e sua mensagem terão, assim, a melhor chance de serem recebidos. Faça uma carranca através das suas palavras e os outros irão, provavelmente, fazer uma careta para a mensagem e o mensageiro.

Essas conclusões não se aplicam para aquelas ocasiões em que um tom mais sério precisa ser empregado. De qualquer modo, uma boa regra para se seguir é garantir que o tom geral da mensagem tende para cima. Sempre comece e termine a mensagem de forma positiva, nunca pessimista ou distante. Quase sempre existe uma razão, entre duas pessoas, para sorrir. Se você não consegue enxergá-la, talvez seja melhor esperar antes de escrever. Ou não escrever. Muitos relacionamentos já foram prejudicados tanto por observações apressadas e insensíveis, quanto por insultos verbais ou broncas.

A razão é simples: palavras escritas e seus efeitos são permanentes e irrefutáveis. Ainda que você possa contestar o suposto tom negativo do seu e-mail, é quase impossível silenciar o efeito que ele produz no destinatário. E hoje em dia esse efeito pode se multiplicar rapidamente, prejudicando as relações entre empregados, departamentos e até cadeias de valor inteiras.

De acordo com uma edição recente da *Fast Company*: "Uma pesquisa atual dá um sabor renovado ao velho adágio 'diz-me com quem andas que te direi quem és', porque ela sugere que tuiteiros felizes tendem a se agrupar". Depois, o artigo explica: "Acima de muitos outros fatos que fazem as pessoas se agrupar, pessoas que estão felizes ou tristes tendem a se comunicar no Twitter com outras pessoas felizes ou tristes".

A equipe da pesquisa, que inclui o professor Johan Bollen, da Universidade de Indiana, analisou o fluxo de tuítes de 102 mil usuários do Twitter durante seis meses, e examinou 129 milhões de tuítes.

> A análise usou algoritmos padronizados de pesquisas psicológicas para avaliar o "bem-estar subjetivo" de usuários a partir de seus tuítes procurando-se tendências em palavras positivas ou negativas. Então eles observaram as tendências de agregação, e descobriram que pessoas felizes retuítam com mais frequência tuítes de outros usuários também felizes. O mesmo acontece com pessoas tristes.

A partir de suas descobertas, Bollen sugere que um tuíte é mais contagioso do que imaginamos, "e comunica, com muita eficácia, alegria ou tristeza. Pessoas que estão felizes, então, tendem a preferir (na média) colegas tuiteiros felizes, porque ecoam suas próprias emoções".[78]

A verdade é que, se você não consegue transmitir a quantidade certa de emoção positiva em uma mensagem escrita, é melhor deixar a página em branco, ou talvez inserir um emoji (em detrimento da sua reputação profissional). Em outras palavras, existem coisas piores do que ser visto como um pouco "não profissional". Evitar sentimento negativo para com suas palavras escritas é obviamente o objetivo. Isso é perfeitamente possível. Talvez seja hora de repensar aquelas competências com o texto escrito nas quais seus professores tanto insistiam que seriam úteis um dia. Eles estavam certos, afinal.

A outra forma com que você transmite sua voz digital, suas palavras faladas, também tem implicações sérias. A forma como fala, o tom da sua voz e as palavras que escolhe frequentemente expressam mais do que as próprias palavras. Existe uma expressão antiga que diz "suas ações falam tão alto que não consigo ouvir nada do que você está dizendo". Isso é tão verdadeiro quanto afirmar que "seu tom fala tão alto que não consigo ouvir nada do que está dizendo".

Afirmar que está feliz por que vai encontrar alguém significa pouco se é dito sem uma inflexão positiva. A mensagem passada é que você está entediado ou ocupado com algo mais importante, ou, pior, que encontrar aquela pessoa é algo desagradável. Evitar esse tipo de situação começa da mesma forma que começaria se você estivesse na frente da pessoa.

Numerosos estudos mostraram que o ato físico de sorrir, mesmo quando se está no telefone, melhora realmente o tom com que suas palavras são transmitidas. Não é coincidência que um dos princípios centrais do treinamento em locução, oratória e canto é incutir nos alunos que sua voz soa mais agradável, convidativa e envolvente quando se está sorrindo. Um sorriso, em outras palavras, é transmitido através dos meios de comunicação, ainda que a pessoa do outro lado não possa ver seu rosto.

Ao perseguir a influência que leva à mudança positiva, é preciso lembrar que o sorriso é um importante facilitador das relações humanas saudáveis, não importando se o sorriso é visível, escrito ou verbal.

Rosalind Picard é professora do Media Lab do MIT, e internacionalmente conhecida por seu livro *Affective Computing*, sobre dar à tecnologia qualidades emocionais que ajudem as pessoas a se comunicar mais eficazmente. Os avanços, ela destaca, são assombrosos – máquinas com "rostos" que respondem adequadamente a elogios ou críticas, a estímulos ou reprimendas.[79]

É claro que essas máquinas estão apenas respondendo a comandos pré-programados, da mesma forma que uma tela de computador responde quando uma tecla é pressionada. Essas máquinas emulam linguagem corporal, expressões e tom verbal, mas não têm sentimento. Vale a pena lembrar que humanos programam essa tecnologia. Esse fato, em si, é evidência de como sabemos as respostas para a expressão, linguagem corporal e tom dos outros. Estamos programados da mesma forma que programamos nossas tecnologias, mas somos carregados de sentimentos.

"Há dois tipos de pessoas", blogou Chris Brogan, especialista em mídia,

> aquele que vê computador/internet como estando conectados a seres humanos e emocionais, e aquele que pensa que é apenas on-line e não possui essa conexão. É como dizer que o telefone é só uma coisa para

se falar, que não conduz emoções. Não é "só on-line". As pessoas têm sentimentos que associam a esses lugares "à distância".

Sim, algumas pessoas exageram. Concordamos nisso. Mas ignorar as emoções apenas por causa do meio seria o mesmo que ignorar cartas, telefones, fotos etc. Muitas coisas acontecem à distância e, mesmo assim, transmitem consequências.

Acredito que existem dois tipos de cabeça funcionando, e ao se perceber isso é possível entender às vezes em que um lado ou outro se sente incompreendido. Apenas lembrar desse detalhe, e identificar com qual dos dois tipos de pessoa você está lidando (e como os outros identificam você), pode melhorar a comunicação.[80]

Parece que as emoções são os dons (e os fardos) ilimitados que os humanos carregam. Isso pode ser encorajador ou desanimador. Sua boca tem muito a dizer sobre a sua escolha.

Um sorriso, alguém já disse,

> não custa nada e rende muito. Ele enriquece quem o recebe, sem tornar mais pobre quem o deu. Ele só requer um momento, mas a lembrança dele, às vezes, dura para sempre. Ninguém é tão rico e poderoso que possa prescindir dele, e ninguém é tão pobre que ele não o torne rico. Mas um sorriso não pode ser comprado, pedido, emprestado ou roubado, pois não tem valor para ninguém até que lhe seja dado. Algumas pessoas estão muito cansadas para lhe dar um sorriso. Dê-lhes um dos seus, pois ninguém precisa mais de um sorriso do que quem já não os tem para dar.[81]

Sorria. Isso aumenta seu valor.

3

O poder dos nomes

Em 10 de março de 2010, um comunicado à imprensa foi disparado da Quinn Emanuel Urquhart Oliver & Hedges, um dos cem principais escritórios de advocacia segundo a revista *American Lawyer*. John Quinn e Eric Emanuel, que fundaram a empresa 25 anos antes, estavam nomeando uma nova sócia – Kathleen M. Sullivan.

Sullivan, uma das maiores litigantes dos EUA e antiga diretora da escola de direito de Stanford, tinha conquistado suas credenciais em Cornell, Harvard e Oxford. Ela fora professora da primeira-dama Michelle Obama em Harvard, e o louvor aos seus raciocínio, talento e perspicácia legais é universal. Seus adversários sabem como é duro enfrentá-la na Justiça. Sua nomeação era muito bem merecida.

Os escritórios de advocacia, assim como as outras empresas, passam por mudanças de tempos em tempos. Associados vêm e vão, paralegais e assistentes também. A rotatividade de sócios é mais incomum, mas não chega a ser rara.

Por que essa indicação foi tão importante?

Kathleen Sullivan não foi apenas indicada para sócia; ela se tornou uma "sócia com nome". A nova firma se chamaria, daí em diante, Quinn Emanuel Urquhart & Sullivan. Ser um sócio com nome é particularmente importante, ainda mais em um escritório de prestígio. Mas o que tornou a indicação de Sullivan um evento raro foi que ela seria a primeira mulher a se tornar sócia com nome de um dos cem principais escritórios de advocacia dos EUA.

Desde 1870, quando Ada H. Kepley se tornou a primeira mulher a se formar em uma escola de Direito, até 2010, nenhum outro dos principais escritórios tinha arrumado espaço em seu letreiro para o nome de uma mulher. Mas isso acabara. Um nome fora escolhido e uma barreira fora quebrada.

Quinn escreveu que "a inclusão dela no nome da empresa reflete a integração das nossas práticas de julgamento e apelação e nossos pontos fortes como firma de advocacia nacional". Existe força no nome de uma pessoa. Mais do que uma palavra, é um símbolo verbal de algo mais profundo e significativo. E isso não é válido apenas para pioneiros como Kathleen Sullivan.

Da literatura antiga à moderna, o nome de uma pessoa nunca foi apenas um apelido; trata-se de uma indicação do caráter, da personalidade e do destino. Apolo, Abraham e Atticus; Cosette, Scarlett, Cinderela e Pollyanna. Na Roma Antiga, um nome era tão intimamente identificado com quem a pessoa era que, quando o nome de um criminoso era removido do registro cívico, todos os seus direitos de cidadania desapareciam. Até hoje, certas tribos da África acreditam que o nome dado a um indivíduo é a força principal a determinar suas habilidades, decisões e o destino da sua vida.

Existe alguma razão para se acreditar que o nome de uma pessoa é menos importante hoje? Talvez seja ainda mais, mas esse é o caso em um contexto comercial. Isso representa oportunidades e problemas.

Na era digital, nomes são como logomarcas de empresas, identificando não apenas quem é aquela pessoa, mas o que ela representa, gosta e não gosta. É claro que as centenas de milhões de blogueiros, tuiteiros e facebookers querem ser ouvidos, mas eles também querem seus nomes reconhecidos. Twitter e Facebook, em especial, fizeram mais do que simplesmente se juntar a uma economia baseada na informação; essas empresas também criaram um novo tipo de economia, baseada no nome, na qual nós somos conhecidos pelo nome que promovemos para o mundo. Esse tipo de reconhecimento pode, agora, ser monetizado, é claro.

Com Twitter e blogues, seu valor comercial é mensurado pelo número de nomes que seguem você. Conforme crescem seus seguidores, cresce também não só a viabilidade, mas também o valor de contratos de edição e publicidade. A blogueira Ree Drummond, uma das Top 100 da Technorati, é um ótimo exemplo.

Formada pela Unversidade da Califórnia em Los Angeles, com planos de praticar Direito em uma cidade grande, ela conheceu seu "caubói" e se casou com ele durante uma "parada técnica" em Oklahoma, segundo ela mesma. Os planos para a faculdade de Direito em Chicago foram pela janela, e ela se mudou para a fazenda de gado (há quatro gerações na família) do marido e adotou seu novo apelido, "Mulher Pioneira". Drummond começou a blogar em 2006 como meio de manter amigos e família informados sobre sua inesperada mas gratificante vida. Em 2009 ela já tinha cerca de dois milhões de leitores enquanto o tráfego mensal do seu site ficava na casa dos oito dígitos. Em 2010 ela conseguiu dois lucrativos contratos para escrever livros, que se tornaram mais vendidos na lista do *New York Times*, e estava faturando cerca de um milhão de dólares por ano apenas com a venda de anúncios no blogue.[82]

Está claro que nosso nome pode ter valor hoje, mas não vamos nos esquecer que saber o nome dos outros pode ser um caminho para o sucesso. Dave Munson, fundador da Saddleback Leather Company, sabe disso muito bem. Ele era um professor de inglês voluntário no México quando teve sua primeira bolsa de couro produzida por um artesão local a partir de um desenho seu. A bolsa chamou tanta atenção nas ruas de sua cidade de origem (Portland, Oregon), que ele decidiu voltar imediatamente para o México e produzir mais. Um mês mais tarde Munson voltou para Portland com oito bolsas e vendeu todas em três horas na traseira do seu velho Land Cruiser. Nascia a Saddleback Leather Company, com o objetivo de "amar pessoas no mundo todo fazendo produtos de couro funcionais, resistentes e de alta qualidade".[83]

Seu segredo? Munson frequentemente telefona para os clientes do seu celular e responde a indagações on-line por telefone ou e-mail; ele também viaja para o México várias vezes por ano para permanecer conectado aos artesãos mexicanos que ainda produzem suas bolsas. As visitas não são jogadas de marketing. "Eu abraço os trabalhadores e pergunto-lhes como posso orar por eles", explicou em entrevista recente.

"Lembro-me que, quando comecei a fazer essas viagens, esses homens ficavam chocados quando os chamava pelo nome e sentava para conversar sobre suas vidas pessoais. Um deles ficou com lágrimas nos olhos. Então, eu também fiquei."[84]

Ele não compartilha essas histórias pessoais em seu blogue ou em seus escritos de marketing porque acredita que prometer fazer algo é diferente de simplesmente fazer. A Saddleback, diz ele, continua uma empresa familiar apesar de vender milhões de dólares em produtos de couro a cada ano. "Eu ouvi histórias de horror a respeito de muitas empresas pequenas que, motivadas pela ganância, tentam se tornar gigantes e fracassam", escreveu Munson em seu blogue. "Nós não somos assim. Nós vamos manter com amor nossa família de proprietários de couro. Todas as noites, ao deitar, converso com minha linda esposa sobre os diferentes proprietários de bolsas com quem temos ido para um lado e para o outro. Nós queremos saber seu nome."[85]

É esse tipo de toque pessoal – colocar o nome das pessoas antes do nome dos produtos e dos lucros – que nos faz supor que a Saddleback vai continuar em atividade tanto quanto uma de suas bolsas, que tem como lema a frase "vão lutar por ela quando você morrer".

As oportunidades de ser conhecido pelos outros e de conhecer os outros são dois lados da mesma moeda. Existe a promoção da marca – sua apresentação para os outros –, e existe a formação de um relacionamento – a interação entre você e os outros. O interessante é que você pode deixar de lado a promoção e ainda assim ter sucesso. Você pode ser tão bom na formação de relacionamentos que suas interações com os outros irão criar e sustentar sua marca. Por outro lado, não é possível manter o sucesso apenas com a promoção da sua marca. Não é viável promover você mesmo ou a sua empresa e deixar de cuidar da formação de relacionamentos. Afinal, fazer negócios ainda é uma pessoa relacionando-se com outra. O sr. Bates, de Watkinsville, Geórgia, conta sua experiência.

Ele é um empresário que sempre leva seus fornecedores de fora da cidade para comer no Bone's, um famoso restaurante de Atlanta, que fica a cerca de 110 quilômetros de sua empresa. Sua lealdade, contudo, não é devida ao singular cardápio do restaurante, promovido como qualquer outro dos EUA. Ela começou com um garçom chamado James.

Conforme o sr. Bates e um fornecedor se sentavam à mesa, certa noite, James aproximou-se. "Olá, sr. Bates", disse ele. "Obrigado por escolher o Bone's. É um prazer recebê-lo novamente."

Ouvindo o sr. Bates contar essa história, percebe-se que não foi um momento qualquer. "Aquilo mudou a fruição do jantar e imprimiu aquele restaurante na minha cabeça. Eu só tinha jantado ali uma vez – seis meses antes – e James não apenas sabia o meu nome, mas ele tinha dedicado algum tempo para descobrir que eu já estivera ali antes. Eu não era, de jeito nenhum, um cliente habitual, mas aquele pequeno gesto me fez sentir como se fosse. É como ver aquele ditado, 'trate o outro como a pessoa que você gostaria que ele fosse', tornar-se realidade."

Pois um gesto tão pequeno rendeu grandes dividendos. "Agora eu não levo meus fornecedores a nenhum outro lugar", disse o sr. Bates. A julgar pela popularidade do Bone's, parece que muitos clientes pensam da mesma forma.

Essa é a primeira recompensa comercial de se lembrar dos nomes das pessoas: elas se lembram de você.

Uma das primeiras lições que um político aprende é: "Lembrar do nome de um eleitor é qualidade de estadista. Esquecer é cair no esquecimento". Essa é uma das características que unem a maioria dos grandes líderes da História. De Lincoln a Churchill a Bonaparte, esses homens criaram formas de se lembrar do nome das pessoas com surpreendente consistência. Ao fazer isso ecoaram, sabendo ou não, um provérbio de Emerson: "Boas maneiras são feitas de pequenos sacrifícios".[86]

Quando se trata de lembrar nomes, alguns sacrifícios podem ser necessários. Napoleão III, imperador da França e sobrinho do grande Napoleão Bonaparte, afirmava que conseguia se lembrar do nome de todas as pessoas que tinha conhecido, apesar de seus deveres reais.

Como? Se não ouvisse claramente o nome, ele dizia "sinto muito, não entendi seu nome". Então, se o nome fosse incomum, ele pedia "como se escreve?".

Durante a conversa, ele procurava repetir o nome da pessoa diversas vezes, e tentava associá-lo, em sua cabeça, a feições, expressões e característica dela. Se a pessoa fosse de especial importância para ele, mais tarde ele escreveria o nome em um pedaço de papel, olharia para ele e se concentraria naquele nome, fixando-o firmemente em sua memória, e depois rasgava o papel. Dessa forma, ele adquiria uma marca visual do nome, além da impressão auditiva.[87]

Nossos desafios, hoje, são maiores do que os de Napoleão. Numerosos estudos mostram que a única coisa pior do que a televisão para a nossa concentração é a internet. Tuítes de 140 caracteres, atualizações do Facebook, e-mails, sms e páginas da web estão começando a reprogramar nossos cérebros.

Na edição de maio da revista *Wired*, o autor Nicholas Carr revelou que um professor da Universidade da Califórnia em Los Angeles tinha descoberto que apenas cinco horas de internet eram suficientes para alterar os caminhos neurais das pessoas. Carr observou:

> Dúzias de estudos de psicólogos, neurobiologistas e educadores apontam para a mesma conclusão: quando ficamos on-line, entramos em um ambiente que promove leitura apressada, pensamento distraído e aprendizado superficial. Ainda que a internet nos conceda acesso fácil a vastas quantidades de informação, ela está nos transformando em pensadores superficiais, literalmente mudando a estrutura do nosso cérebro.[88]

Em 2010, o famoso crítico de cinema Roger Ebert blogou: "Há um tipo de impaciência nervosa em nossa sociedade atual".[89] E ele tem razão. Mas essa realidade não é desculpa para esquecermos o nome das pessoas. Ao contrário, ela nos apresenta um desafio. Enquanto mais e mais pessoas têm dificuldade para lembrar nomes, aí está uma vantagem a ser conquistada por quem conseguir se lembrar.

Como?

Existem muitas maneiras fáceis. Em vez de recorrer a saudações vazias e truncadas como "Ei" ou "Oi", cultive o hábito de usar o nome da pessoa: "Prezada Robin", "Bom-dia, Robert". Quando o fizer, pratique a técnica de Napoleão e visualize o rosto da pessoa. Se você está seguindo os conselhos dos capítulos anteriores e procura se interessar pelos interesses da pessoa, fixe-os também na sua cabeça: "Robert é casado, tem três filhas e gosta de ler Ernest Hemingway". É um exercício simples que não apenas ajudará você a cumprimentar o Robert pelo nome da próxima vez que o vir, como também auxiliará você a vê-lo fora de um contexto meramente transacional.

Uma dica rápida aqui: antes de começar a usar o nome das pessoas, certifique-se de saber usá-lo no contexto correto. Hoje em dia, a maioria das pessoas tem mais de um nome pelo qual atende. Richard Branson, festejado empreendedor, é conhecido como "Richard" por muitos amigos, mas também é "sr. Branson" para diversos conhecidos e "Sir Richard" para vários colegas britânicos. Ainda que nossa sociedade seja muito menos formal, usar o nome de uma pessoa fora de seu contexto é uma boa forma de começar um relacionamento com o pé errado. Susan ou Suzie? Ben ou Benjamin? Jacqueline ou Jackie? O melhor conselho é evitar adivinhações.

Não chame o José de "Zé" ou "Zezinho" no e-mail, a menos que ele tenha lhe sido apresentado assim, pedido para ser chamado assim ou que tenha se referido a si mesmo dessa forma em um recado de voz, sms ou e-mail para você. Se vocês nunca foram apresentados e nunca se corresponderam, faça sua lição de casa e pesquise como as pessoas na mesma posição hierárquica que você se dirigem a ele. Não adianta ver como os amigos do Facebook ou do Twitter o chamam – a essa altura você ainda não é seu amigo e não conquistou o direito de usar um vocativo mais informal. Veja como ele se refere a si mesmo em seu site ou blogue. Se houver um artigo escrito sobre ele ou no qual seja mencionado, use o nome que aparece aí.

Precisamos lembrar que uma pessoa está sempre mais interessada em seu próprio nome do que em todos os outros nomes do mundo reunidos. Lembre-se do nome dela e use-o. Assim, terá feito um elogio sutil e muito eficaz. Mas esqueça-se dele ou escreva-o errado e terá se colocado em desvantagem.

Enquanto muitos escolhem a alternativa mais segura e dirigem-se aos outros com termos como "o senhor" ou "a senhora", você pode cair nas boas graças dos outros procurando não apenas se lembrar de seu nome, mas também usando-o. Muitas das armadilhas do cumprimento podem ser evitadas facilmente com alguns minutos de pesquisa. O investimento de um pouco do seu tempo não vale a pena quando você pode se destacar na multidão, significando que você causará uma impressão melhor que a maioria das pessoas?

Se você quer que os outros se lembrem e usem o seu nome, um pequeno investimento é necessário. As pessoas são abordadas por nomes o dia todo – nomes de gente, empresas, marcas, ruas e lojas. O que vai fazer o seu se destacar? Em boa medida, as emoções que as pessoas associarem ao seu nome. Se você for apenas mais um garçom em mais um restaurante de Atlanta – uma área metropolitana com cinco milhões de habitantes – não será mais memorável que os números da placa do seu carro ou do que a cor da sua camisa. Seu nome terá pouco efeito em despertar emoções que conectem os outros a você. Não é coincidência que o sr. Bates lembrou rapidamente do nome de James depois de apenas um encontro. Ele estima jantar fora cerca de doze vezes por mês. Quando perguntado se lembrava dos nomes de outros garçons, respondeu: "Em alguns dias mal me lembro do meu nome".

Nós devemos estar sempre conscientes da mágica contida no nome de uma pessoa, e perceber que essa palavra é propriedade completa e absoluta dessa pessoa com quem estamos lidando, e de ninguém mais. É a marca registrada da pessoa. Após o dom da vida, o nome de uma pessoa é o primeiro presente que ela recebe. Quando essa palavra é usada na conversa, a informação que estamos discutindo ou a conexão que buscamos ganha um significado maior.

Talvez o consultório de um médico forneça a melhor evidência. Está em andamento, no mundo médico, um debate sobre quando e como os primeiros nomes devem ser usados. Será que chamar pelo nome, sem o uso de Senhor ou Senhora, torna pessoal demais as interações que deveriam ser mantidas numa esfera profissional? Ou a utilização de prenomes pode ajudar no processo de cura e, especialmente, no processo de discussão de prognósticos difíceis?

A impressão que se tem é que a maioria dos médicos acredita que é melhor manter o profissionalismo e evitar o uso do primeiro nome. Mas as clínicas médicas são locais típicos onde as pessoas se sentem desumanizadas. Elas são casos e arquivos, não rostos e sentimentos. Seus nomes são frequentemente pronunciados erroneamente ou até mesmo trocados, o que serve apenas para mostrar uma desconexão potencialmente perigosa.

Um médico de destaque decidiu reverter essa tendência.[90] O dr. Howard Fine é o chefe do programa de neuro-oncologia do National Institute of Health. Nessa função ele desenvolve pesquisas, supervisiona e distribui todas as verbas do NIH e é o médico pessoal de tantos pacientes com tumor cerebral quantos queiram se tratar com ele – de graça, pois trata-se de um programa do governo americano.

Quando os pacientes chegam para a primeira consulta, geralmente estão sem esperanças. Eles viram as estatísticas na internet. Ouviram histórias de horror. O dr. Fine acredita que parte do seu trabalho é restaurar a esperança – com responsabilidade. A forma como ele lida com os nomes tem um papel importante nesse processo.

Ele estima que atendeu mais de vinte mil pacientes ao longo dos anos, e uma das formas que escolheu para interagir é se apresentar como "Howard Fine", sem o título de "doutor". A partir daí seus pacientes são encorajados a chamá-lo pelo primeiro nome. Isso leva o relacionamento para um outro nível, no qual ele não é mais um médico distante tentando evitar que o paciente morra; ele torna-se um amigo altamente especializado, um confidente sábio e um defensor determinado, que irá lutar por sua completa recuperação. O negócio dele não é enrolar os pacientes. Ao contrário, ele compreende que, quando conta os fatos relativos ao tratamento para seus pacientes, isso tem um impacto físico e emocional neles, assim, o estabelecimento de uma sintonia médico-paciente é essencial para o bem-estar deles. Mais do que um médico, pacientes com tumor cerebral necessitam de um conselheiro de confiança. Esse posto é conquistado mais naturalmente quando o médico se põe no mesmo nível do seu paciente, um ser humano com forte desejo de viver.

Seria fácil para um médico proeminente gostar do poder que o título "doutor" concentra. Mas uma boa parte do que torna o programa de Fine uma das joias da coroa do National Institute of Health, de acordo com um dos diretores do instituto, é que ele reconhece que os prenomes são mais poderosos e significativos do que posições hierárquicas ou títulos. É por isso que Carnegie insistia que nomes são "o som mais doce e mais importante em qualquer língua".

4

Escute mais

Como é que se consegue o emprego, conquista o cliente, aumenta sua influência e não perde 180 milhões de dólares em capitalização no mercado? Preste atenção.

Em março de 2008 os membros de uma pouco conhecida banda de música independente do Canadá estavam a caminho do Nebraska para uma turnê de sete dias. O primeiro trecho de seu voo pela United Airlines pousou em Chicago. Quando começou o desembarque, eles ouviram uma mulher exclamar atrás deles: "Eles estão jogando guitarras lá embaixo!". Os músicos apertaram o nariz contra as janelas para ver o que acontecia. A mulher tinha razão; suas guitarras estavam sendo arremessadas, derrubadas e arremessadas novamente no carrinho de bagagem.

Uma dessas guitarras, uma Taylor de 3.500 dólares, pertencia ao vocalista da banda, Dave Carroll, que imediatamente tentou contar para a comissária de bordo o que estava acontecendo.

Em seu site, ele explica que ela o interrompeu. "Não reclame comigo", disse ela. "Fale com o responsável lá fora."

Ele saiu, e o outro empregado não quis perder tempo para escutar sua reclamação. Uma terceira funcionária descartou-o dizendo "mas, querido, é por isso que nós fazemos você assinar a isenção de responsabilidade". Ele explicou que não tinha assinado isenção nenhuma, e mesmo se tivesse, aquilo não seria desculpa para o que muitas pessoas no avião tinham visto. Ela lhe disse para esperar chegar em Omaha para reclamar com alguém.[91]

Não é de admirar que, ao abrir o estojo da sua guitarra, ele a encontrasse bastante danificada. Assim começou uma odisseia de um ano na qual Dave Carroll tentou fazer alguém da United Airlines escutá-lo.

Durante esses doze meses, todos os funcionários com que Carroll falou disseram-lhe o que fazer, mas nenhum se preocupou em ouvi-lo. Em um momento disseram-lhe para levar a guitarra até Chicago para ser inspecionada. Fazia tempo que ele retornara para sua casa no Canadá, a cerca de 2.400 quilômetros de distância.

Nesse meio-tempo, Carroll tinha mandado consertar a guitarra por 1.200 dólares. Ele era um músico profissional e precisava de seu principal instrumento de trabalho. Mas o som não era mais o mesmo.

Ele disse à United que aceitaria receber o valor do conserto. Mas ninguém na United lhe deu ouvidos.

Mas um compositor viajante sempre tem duas coisas: algo para dizer e um meio para dizê-lo. Se a United não queria ouvi-lo, talvez seu público quisesse.[92]

Carroll compôs uma canção chamada "A United quebra guitarras" e em 6 de julho de 2009 ele subiu um vídeo da música para o YouTube. Ele esperava alcançar um milhão de visitas no primeiro ano. Mas as pessoas ouviram muito mais do que ele imaginava: duas semanas depois da estreia, o vídeo tinha quatro milhões de visitas. Em poucos dias, o *Times* de Londres revelou que "as nuvens de tempestades provocadas pelas más relações públicas fizeram as ações da United Airlines sofrer uma queda livre, e elas mergulharam 10%, o que custou 180 milhões de dólares a seus acionistas. Esse valor, por acaso, seria suficiente para comprar mais de 51 mil guitarras de reposição para Carroll".[93]

Escutar tem o poder de mudar corações e mentes. Mais especificamente, é o poder de dar às pessoas o que elas mais desejam – ser ouvidas e compreendidas.

Loïc Le Meur, fundador do Seesmic, acredita que a ideia de campanha publicitária on-line está ultrapassada, e que o essencial para todas as empresas é um "programa de comprometimento de longo prazo" que facilite ouvir os clientes.[94]

Contudo, campanhas publicitárias on-line parecem ter muito potencial. Elas podem acertar o perfil demográfico com maior precisão do que qualquer outro meio. Sua empresa quer uma programadora de computador de 23 anos que gosta de fazer cestas de vime? É quase certeza que exista um site onde ela pode ser encontrada. Essa precisão tem sido o sonho dos publicitários em toda parte. Como poderia não funcionar?

Não funciona, diz Le Meur, simplesmente porque a exposição a um produto ou marca não é como o mundo funciona. Ao contrário, ele funciona através da empatia e da construção de confiança. Esse é um processo lento, mas que sempre dará frutos.

Durante as horas mais sombrias da Guerra Civil, Lincoln escreveu para um velho amigo de sua cidade natal – Springfield, Illinois, pedindo-lhe para ir a Washington. Lincoln disse-lhe que tinha alguns problemas que queria discutir com ele. Seu antigo vizinho foi para Washington o mais rápido que pôde. Lincoln falou durante horas sobre a conveniência de proclamar a emancipação dos escravos. Ele discorreu sobre todos os argumentos a favor e contra tal ato, e então leu cartas e artigos de jornais, alguns que o condenavam por não libertar os escravos e outros que o condenavam por medo de que fosse libertá-los. Depois da longa exposição, Lincoln apertou a mão do velho amigo, disse boa-noite, e o enviou de volta para Illinois sem nunca lhe pedir sua opinião. Apenas Lincoln tinha falado. Mas isso parece ter esclarecido suas ideias.

"Ele pareceu mais tranquilo depois de falar", disse o velho amigo. Lincoln não queria conselho. Ele queria um ouvinte empático, de confiança, com quem pudesse desabafar. Em última análise, é isso que todos procuramos de tempos em tempos. A questão é: será que você consegue ser um aliviador de fardo?

Quando Calvin Coolidge tornou-se vice-presidente dos EUA, Channing H. Cox sucedeu-o como governador de Massachusetts e foi para Washington visitar seu antecessor. Cox estava impressionado pelo fato de que Coolidge conseguia atender uma longa lista de visitantes, todos os dias, e sempre terminava seu trabalho às 17 horas, enquanto Cox frequentemente se via preso no escritório até as 21 horas. "Por que essa diferença?", perguntou Cox a Coolidge. "Você responde", disse Coolidge.

O poder de escutar, assim como o de sorrir, é forte. Quando escuta com atenção, você não apenas causa uma boa impressão instantânea; você também constrói a base para uma conexão duradoura. Quem resiste a uma pessoa que suspende os próprios pensamentos para valorizar os do interlocutor?

Poucas pessoas, nos tempos modernos, escutaram tão bem quanto Sigmund Freud. Um homem que o conheceu descreveu assim sua forma de escutar:

> Fiquei tão impressionado que nunca vou esquecê-lo. Ele tinha qualidades que nunca observei em qualquer outro homem. Nunca vi atenção tão concentrada. Mas não havia aquele negócio de "olhar que penetra na alma". Seus olhos eram suaves e bondosos. Sua voz era baixa e gentil. Seus gestos eram controlados. Mas a atenção que ele me deu, e o valor que deu ao que eu falei, mesmo quando me expressei mal, foram extraordinários. Você não faz ideia do que é ser ouvido dessa forma.[95]

Alguém pode argumentar que pessoas como Freud, Lincoln e outros, numa era passada, tinham certas facilidades. Seu mundo era menor e, com certeza, mais controlado. Esse argumento pode até ser verdadeiro, mas não serve de desculpa para nada.

Sim, o mundo em que vivemos é maior e mais descontrolado, mas nós o fizemos assim. E, portanto, somos nós que devemos fazer essas características trabalharem em nosso benefício. Infelizmente, parece que muitas pessoas ainda não perceberam isso.

Nosso círculo de influência estende-se bem além dos nossos vizinhos e colegas de trabalho, abarcando, principalmente através do Facebook, toda nossa história relacional. Essa rede tão expansiva, com centenas e até milhares de contatos, parece uma sobrecarga para a maioria das pessoas. Mas enquanto a quantidade de pessoas que podemos escutar aumentou, o número de pessoas que realmente escutamos está diminuindo.

Um estudo recente publicado na *American Sociological Review* mostra que as pessoas estão ficando mais socialmente isoladas do que há vinte anos.

> De modo geral, o número de pessoas que os americanos têm em seu círculo mais íntimo de confidentes caiu de cerca de três para dois. [...] Enquanto três quartos das pessoas, em 1985, declararam ter um amigo em quem pudessem confiar, em 2004 apenas metade delas afirmou o mesmo. O número de pessoas que disse poder contar um vizinho como confidente caiu para menos da metade, de cerca de 19% para 8%. [96]

"Não estamos dizendo que as pessoas estão completamente isoladas", observou Linn Smith-Lovin, uma socióloga da Duke University que ajudou a conduzir o estudo. "Elas podem ter 600 amigos no Facebook [...] e enviar e-mail para 25 pessoas por dia, mas não estão discutindo questões pessoalmente importantes."

Mais do que em 1936, quando este livro foi publicado pela primeira vez, existe uma falta enorme de pessoas que encontrem tempo para escutar, pessoas que resistam à "impaciência nervosa" reinante em nossos tempos e que valorizem mais os seres humanos do que o crescimento dos negócios. É absurdo, claro, acreditar que se possa crescer sem a fidelidade das pessoas, mas normalmente não vemos isso até que outras pessoas nos façam saber – com seus olhos, seu silêncio, suas carteiras fechadas.

Existem poucas novas dicas para se criar uma cultura corporativa ou pessoal de atenção empática ao que os outros dizem. Mas existe um princípio que, se aplicado diariamente, pode reconectar você com os outros de forma duradoura: presença. Um embaixador espiritual certa vez definiu esse princípio assim: "Onde quer que você estiver, esteja por completo".[97]

John, aspirante a jornalista político, compreendeu esse princípio mais cedo na vida do que seus colegas. Ele afirma que nunca foi mal em uma entrevista de emprego. Em cada entrevista recebeu uma oferta.

Mas talvez o mais interessante seja que seu currículo não parecia indicar que ele era o melhor candidato. "Tenho sido, com frequência", admite ele, "um candidato apenas médio no papel."

A que ele atribui, então, a incomum taxa de sucesso nas entrevistas? Um ponto de vista não intuitivo em entrevistas.

> Cada entrevista é uma chance de aprender algo sobre pessoas que ainda não conheço. Pense nisso: o ambiente é propício. Já existe um clima de troca. Em minhas entrevistas já aprendi de tudo, de gostos culinários a sonhos frustrados e loucas esperanças. As pessoas gostam de ser ouvidas e elas querem ao seu redor gente que escute. Então, eu escuto. E descobri que ouvir transmite muito respeito – mais do que qualquer discurso planejado consegue.[98]

Então, parece que escutar também conquista respeito. E o desempenho raro de John em entrevistas foi traduzido em oportunidades raras de trabalho – ele já trabalhou como agente da CIA e redator de discursos da Casa Branca.

Quando lhe foram pedidas sugestões sobre como outras pessoas poderiam incorporar esse nível de presença, ele disse que seu objetivo pessoal é fazer quinze perguntas por dia. As cinco mais importantes, explica, são feitas à sua família ou àqueles mais próximos de você. Claro, pode perguntar como foi o dia deles. Mas vá mais fundo. Pergunte o que os fez rir. Ou, talvez, o que os fez chorar. Pergunte se aprenderam alguma lição ou se conheceram alguém de quem gostaram.

As próximas cinco são para as pessoas com quem você trabalha regularmente. "O antigo ditado de que não há perguntas ruins pode ser verdadeiro ou não em uma sessão de *brainstorm*. Mas é certamente verdadeiro quando as perguntas são feitas com sinceridade em uma conversa com outra pessoa. Se você fizer perguntas com respeito e interesse, não há como errar."

Finalmente, explica ele, as últimas cinco perguntas são reservadas para o seu espaço digital – Facebook, e-mails, Twitter e blogues. "Leia com atenção as publicações e mensagens dos outros; comente ou responda com perguntas, e faça isso para cinco pessoas diferentes todos os dias. Além disso, use suas publicações e atualizações para fazer mais perguntas para seus amigos e seguidores. Talvez você se surpreenda com quantas pessoas responderão."

Com certeza Bob Taylor, da Taylor Guitars, segue essas lições à risca. Quando ouviu que o violão Taylor de Dave Carroll tinha sido danificado pela United Airlines, ele telefonou para Carroll e lhe ofereceu dois violões de sua escolha.

Imagine o que poderia ter acontecido se alguém da United, qualquer um, tivesse se disposto a escutar David Carroll sobre como acertar o problema do violão. Seriam grandes as chances de que a United não tivesse que soltar a seguinte declaração quando o vídeo de Carroll tornou-se viral:

> Esse vídeo calou fundo em nós. Estamos discutindo como consertar o que aconteceu. E embora ambos concordemos que a situação deveria ter sido resolvida muito antes, o excelente vídeo de Dave Carroll forneceu à United uma oportunidade de aprendizado que usaremos como treinamento, para garantir que todos os clientes sejam melhor servidos por nós.[99]

As pessoas costumam dizer que a gente aprende na prática, mas talvez seja uma lição importante, para todos nós, saber que quando se aprende escutando, a vida fica mais harmoniosa.

5

Discuta o que importa para os outros

Em um jantar, George Bernard Shaw sentou-se ao lado de um jovem que se mostrou um tédio de proporções épicas. Após sofrer durante o que parecia um monólogo interminável, Shaw interrompeu o jovem para dizer que eles dois sabiam tudo o que havia para se saber no mundo.

"Como assim?", perguntou o jovem.

"Ora", disse Shaw, "você parece saber tudo, menos que é um tédio. E isso eu sei!"[100]

Não era essa a impressão que o rapaz queria causar. Mas isso prova um ponto importante: para se ter importância para os outros, é necessário conversar sobre o que importa para eles. Parta do princípio de que todo o resto provocará tédio e sono.

Esse é um princípio interessante para se considerar, dado o espírito com o qual grande parte das pessoas se comunica hoje. A maioria das mensagens tem o objetivo primeiro de contar para os outros aspectos da nossa vida ou de nossos produtos, revelando características que, pensamos, podem atrair as pessoas. Ainda que isso possa parecer uma estratégia assertiva, na verdade é um método passivo, pois requer que os outros se interessem por nós. Assim como um anúncio em um site, esperando para ser clicado, nós oferecemos anúncios das nossas melhores facetas, esperando que os outros se sintam compelidos a interagir.

O problema é que isso é um monólogo marqueteiro, não um

diálogo relacional. É presunção, não assimilação. E quando a presunção guia nossos esforços para fazer amigos ou influenciar os outros, os resultados acabam sendo o oposto de memorável.

Em 1810, o general William Henry Harrison, então governador do território de Indiana, negociava com o indígena Tecumseh para tentar evitar confrontos. O general pediu que trouxessem uma cadeira para o chefe indígena. O homem que a trouxe disse: "Seu pai, o general Harrison, oferece-lhe assento".

"Meu pai!", exclamou Tecumseh. "O sol é meu pai e a terra minha mãe, e em seu seio vou me deitar." Ignorando a cadeira, ele se esticou no chão.[101]

O maior inimigo atual da influência duradoura é a parte da filosofia, tanto pessoal quanto corporativa, que se preocupa de provocar impressões sem consultar a ciência da averiguação das necessidades. Esse método não é apenas presunçoso, como também constitui uma prática comercial pobre. O que o mundo mais precisa – e Carnegie já defendia isso há 75 anos – é de diálogo que crie ligações. Isso começa quando você inverte o espírito moderno do marketing e das mídias sociais e inicia todas as interações preocupado com o que interessa para os outros.

Isso começa, como já dissemos, escutando. Quando você souber o que importa para os outros – através da prática de escutar com dedicação – poderá envolvê-los verdadeiramente, colocando as questões que lhes interessam no primeiro plano das suas interações. Comercialmente falando, esse processo coloca a preocupação com o cliente de volta no gerenciamento de relações com o consumidor – um processo que, segundo o blogueiro Doc Searls, frequentemente preocupa-se mais com o gerenciamento do que com o consumidor[102].

"Estão todos errados sobre influência", escreve a blogueira e estrategista comercial Valeria Maltoni, "exceto os seus consumidores."

Pense nisso antes de se encrencar por não conseguir resultados importantes... a verdadeira influência vem da atração de pessoas com interesses comuns. Trata-se de um processo de identificação de áreas de relevância entre seus consumidores e clientes prospectivos, da criação de uma comunidade e de permitir que os outros amplifiquem a sua influência conforme você atende as necessidades deles... Se ficar pensando que a influência diz respeito a você, vai ficar seguindo "pessoas populares" até cansar. E você não precisa ser seguido por uma celebridade para construir algo significativo.[103]

Em última análise, você está criando uma comunidade quando inicia suas interações com aquilo que interessa para os outros. E uma comunidade é o que realmente importa, esteja você começando uma empresa, lançando uma marca ou planejando uma reunião importante. Claro, existe uma conexão inicial, e você precisa fazê-la. Mas muito do marketing e das mídias sociais, hoje, diz respeito somente a essa conexão – conseguir mais um seguidor, outro "amigo" ou outro cliente. Frequentemente esquece-se do plano de longo prazo. Em linguagem de negócios, chama-se a isso de estratégia de retenção do consumidor. Mas é melhor pensar em uma conversa significativa, animada, entre uma comunidade de amigos.

Se a base do sucesso a longo prazo é o estabelecimento de relações baseadas na confiança, então o objetivo de todas as interações deveria ser transmitir valor tão breve e tão frequentemente quanto possível. Para tanto, existem alguns obstáculos a se superar.

Jason viaja para as regiões mais remotas do Senegal algumas vezes por ano. Da primeira vez, ele foi levado por uma organização sem fins lucrativos. Ele continua voltando porque sempre aprende algo lá. Recentemente, um dos anciãos de uma aldeia puxou-o de lado, em uma tarde tórrida de 46°C, para lhe fazer uma pergunta urgente: como as pessoas viviam na América do Norte?

Jason explicou que a maioria vive em casas individuais, parecidas com as cabanas da aldeia. Outros moram em apartamentos empilhados em cima e ao lado dos outros, o que forma grandes edifícios.

"E todas essas casas", perguntou o ancião, "têm paredes à volta toda?"

"Têm", respondeu Jason.

"Mas por quê?"

"Para nos proteger do mau tempo e, às vezes, das pessoas más, para proteger as coisas que temos em casa e para termos privacidade."

"Ah, não, não, não", retrucou o ancião. "Isso é atrasado." Na vila deles, o homem explicou, eles tinham derrubado as paredes para aumentar a segurança. "Sabe, muitas coisas ficam escondidas atrás das paredes. Se derrubamos as paredes para que todos vejam, ficamos mais seguros."

Vivemos em um mundo moderno, e no mundo moderno nós construímos paredes. Existem muros nos nossos terrenos, cercas de madeira e arame nas fazendas e chácaras e barreiras (firewalls) nos computadores. E temos, ainda, uma muralha de interações sociais difusas. Ela pode levar a um nível de influência que existe fora do relacionamento – uma influência exercida sobre seguidores, mas não amigos.

Charlene Li, autora de *Liderança aberta* e especialista em mídias sociais, alerta sobre o perigo dessa influência digital fortificada. Em entrevista recente, ela observou a maior preocupação – uma falsa sensação de segurança. "Existe uma diferença entre um amigo e um fã", explicou. "Fãs têm níveis menores de comprometimento e interesse. Se traçarmos um eixo de lealdade, fãs ficam numa extremidade e amigos na outra. A influência ocorre ao longo desse eixo mas, com certeza, é mais duradoura na ponta dos amigos."[104]

A forma mais fácil de provar o argumento de Li é tentar comprar um amigo no Facebook. Não é possível. Muitas empresas podem vender-lhe fãs no Facebook ou garantir-lhe montanhas de seguidores no Twitter, mas as mídias sociais deixam claro que não se pode comprar amigos verdadeiros.

"Quando é que vamos aprender que milhões de seguidores não é igual a influência?", blogou o canadense Mitch Joel, autor de *Six Pixels of Separation*[105] e apontado pela agência iMedia como um dos 25 principais líderes e inovadores do marketing na internet.

> Esse é um jogo (hum... negócio) que funcionou bem até que as plataformas e análises adequadas começaram a ser usadas... A influência está em grupos menores e mais fortes... As marcas que estão conquistando "influência verdadeira"... a estão conquistando (ao contrário de #conquistando) porque possuem pessoas tendo interações reais com outros seres humanos reais (e essas interações

> são realmente significativas)... é muito mais prático/realista para as empresas pensarem em usar essas oportunidades para se conectar e ter um envolvimento sincero em vez de simplesmente tentar aumentar seus números.[106]

Newton Minow foi o influente chefe da Comissão Federal de Comunicações do governo John F. Kennedy. Depois ele atuou em várias outras posições de prestígio – públicas e privadas. Quando perguntado sobre qual era seu segredo, ele respondia que devia tudo à sua faculdade. Ele se formara em Semântica – o estudo do significado. Semântica não diz respeito simplesmente às palavras, mas ao contexto em que as palavras são usadas. Semântica estuda a compreensão.

Uma vez, ele observou que 99% de todos os conflitos nasciam da incompreensão de palavras usadas em diferentes contextos. Seu sucesso, portanto, vinha de procurar, diligentemente, compreender o que os outros queriam dizer.[107]

Esse esforço é ainda mais importante hoje, porque quando Mark Zuckerberg decidiu chamar a todos no Facebook de "amigos", fez uma escolha semântica que é facilmente incompreendida. O cérebro humano – para não falar do coração – não consegue processar centenas de amigos. De acordo com Robin Dunbar, professor de Antropologia Evolucionista na Universidade de Oxford, o tamanho do nosso cérebro limita nossa habilidade de gerenciar círculos sociais a cerca de 150 amigos, não importando nossa sociabilidade.

Dunbar observou o Facebook e descobriu que isso também é verdade on-line. "O interessante é que você pode ter 1.500 amigos, mas quando observa o tráfego nos sites, percebe que as pessoas mantêm o mesmo círculo de cerca de 150 pessoas que observamos no mundo real."[108]

Mas aqui é importante apresentarmos Dunbar a Minow, porque Dunbar define como amigo alguém com quem nos preocupamos e mantemos contato pelo menos uma vez por ano. A distinção precisa ser feita, porque, embora não possamos ter 150 amigos íntimos, podemos manter 150 relacionamentos influentes.

Amizades íntimas possuem um grande nível de comprometimento

e são baseadas em grande risco – primeiro, o risco de acreditar que somos pessoas com importância para os outros, que possamos influenciar a vida deles. Se não compreendermos a importância da nossa presença, nunca poderemos dar a ninguém o presente que é a nossa vida. Mas um risco igualmente grande é que ter amigos íntimos abre a possibilidade de sermos feridos por esses amigos. Algumas pessoas protegem-se dessa dor relacional não tendo amigos íntimos. Outros têm muitos amigos superficiais, para que a mágoa infligida por um seja diluída na massa.

A questão é que relacionamentos envolvem riscos, e se quisermos influenciar a vida dos outros, temos que estar dispostos a aceitar esses riscos. Ainda que a quantidade de "eu" que estejamos dispostos a doar varia de acordo com a intimidade relacional que estamos procurando, o risco é sempre implícito no processo de se transformar seguidores curiosos em amigos sobre os quais você exerce uma influência que transcende tendências transacionais. Quando você aprender o que é importante para os outros através da prática de escutar, a única forma de envolver verdadeiramente os outros é colocar os seus interesses em espera e servir-lhes uma dieta daquilo que lhes interessa. E, como acontece com a maioria dos riscos que valem a pena, a recompensa é proporcional. A influência subsequente é mais potente, e logo chega o momento em que o que é importante para você começa a importar para os outros.

Jamie Tworkowski compreende isso bem. Em 2002, sua amiga Renée estava usando a mesma lâmina de barbear para fazer carreiras de cocaína e cortar os braços. Deprimida, e solitária, Renée estava rodeada de "amigos" que afundavam no mesmo ciclo vicioso que ela. Seu tempo neste mundo estava acabando.

Jamie, um modesto representante de vendas de pranchas de surf, resolveu agir e, com um grupo de amigos, interveio no mundo de Renée. Ignorando o risco emocional, eles tentaram lhe dar o presente da presença. Compraram para ela café e cigarros, deram-lhe música, enfim, rodearam Renée com amor. Eles imaginaram que, em vez de deixá-la entalhar no braço uma tatuagem de autodestruição, poderiam intervir para escrever amor em seus braços.

A amizade de Jamie por Renée levou-o a desenhar algumas

camisetas, que vendeu para pagar os custos da reabilitação dela. O fato de ele ser amigo do vocalista de uma banda de rock popular permitiu-lhe pedir um favor ao músico: "Vista uma das nossas camisetas no palco" – o que ele fez.

Quase uma década mais tarde, Renée está recuperada e a organização de Jamie, Para Escrever Amor em Seus Braços, vende aproximadamente 3 milhões de dólares em camisetas por ano, dinheiro que investe em vários programas de recuperação.

Mais de 200 mil pessoas seguem Jamie no Twitter e no Facebook. Mas ele sabe que a grande maioria é de curiosos e seguidores. Os amigos, como Renée, somam um número muito menor.

Ele tem uma pequena influência sobre aqueles que o seguem; é uma influência mais superficial e efêmera do que a que ele tem sobre os amigos. Ele aceita isso e comemora que existam outros, no mundo, também fazendo coisas boas e que mereçam ser seguidos.

Sua influência sobre os amigos é forte; é nesse cenário flexível que ele quer residir. Esse é o mesmo ambiente – diferente para cada um – em que você deve residir, seja você uma corporação multinacional ou um indivíduo trabalhando para mudar algo.

A distinção entre amigos e seguidores é importante quando se procura produzir uma impressão duradoura nos outros. Existem pessoas no mundo sobre as quais você conquistou importante influência; elas são uma dádiva e uma responsabilidade. Você deve saber não apenas quem são, mas também o que é importante para elas. A dádiva é o que elas trazem para você; valorize isso. A responsabilidade é conduzir seu relacionamento com elas para um estágio significativo para os dois lados – ou, pelo menos, para elas.

"A habilidade de uma marca em colocar sua mensagem na frente de milhões de pessoas começa e termina com essa responsabilidade", conclui Mitch Joel no artigo mencionado anteriormente.

> Nós (enquanto público) parecemos acreditar que a influência vem do puro volume de impressões e conexões que temos no mercado [...] Não é isso. A verdadeira influência vem de se conectar com

> os indivíduos, alimentar esses relacionamentos, acrescentar valor real às vidas dessas pessoas e fazer qualquer coisa para servi-las, de modo que quando chegar o momento em que você pedir algo, haverá alguém para lhe estender a mão. Preocupe-se menos com quantas pessoas você está conectado e preocupe-se muito mais com quem você está conectado, quem elas são e o que você está fazendo para valorizá-las e honrá-las.[109]

Talvez o mais importante para você, afinal, seja ser importante para os outros. Uma coisa é certa: em uma era em que a massa de mensagens multiplica-se diariamente, apenas um pequeno número realmente importa. Para influenciar os outros, garanta que as suas mensagens façam parte desse pequeno grupo.

6

Deixe os outros um pouco melhores

"Ele se chamava Mike", Steve Scanlon, blogueiro e coach de negócios da Building Champions, começou uma história que adora contar. "Minha mulher, Raffa, e eu estávamos alguns quarteirões ao sul do Central Park e acenamos para o táxi dele, pois queríamos embarcar em nossa tradição anual de jantar em Little Italy. Nossa programação foi terrível. Era Halloween, e as ruas normalmente lotadas estavam com o dobro de gente. Conforme Mike abria caminho através do centro e da baixa Manhattan, era evidente que precisaríamos alterar nossos planos. Ele sugeriu o Greenwich Village, e nós concordamos. Alguns minutos depois ele nos deixou em uma calçada do Village, recomendou três restaurantes e voltou à massa de veículos. Pensei que nunca mais o veríamos."[110]

Mas, como Scanlon gosta de dizer sorrindo, Mike pensou diferente.

Enquanto saboreavam sua refeição, Scanlon levou a mão ao bolso da frente de sua calça. Ele tateou aqui e ali, ali e aqui. Seu telefone tinha sumido. Ele entrou em pânico quando, de repente, se lembrou de onde estava.

Ele começou a se conformar, imaginando a chateação de cancelar a conta, perder importantes informações de contatos e comprar um novo aparelho. Do celular de sua mulher, Scanlon discou o número do seu telefone, esperando ouvir sua própria saudação no correio de voz. Em vez disso, uma voz com suave sotaque indiano atendeu.

"Alô?"

"Quem é?", disparou Scanlon, mais brusco do que pretendia.

"Aqui é o Mike", respondeu a voz.

Scanlon respirou fundo e arrumou uma explicação que terminou com eles precisando pegar o voo mais próximo de volta para casa.

"Minha nossa", respondeu Mike, "seu telefone é muito importante. Vou chegar o mais rápido que puder." Então ele combinou o encontro em uma esquina e prometeu se apressar.

Com espanto e alívio, Scanlon virou-se para sua mulher e explicou o que tinha acontecido. Quando Mike encostou o carro junto ao meio-fio, vinte minutos depois, e entregou o celular, Scanlon pôs 80 dólares na mão do taxista – era todo o dinheiro que tinha com ele.

"Ele se sentiu humilhado", explicou Scanlon, "mas eu queria que ele soubesse como foi admirável sua atitude. Ele não tinha falado em dinheiro nenhuma vez. Desligar o taxímetro e se dar ao trabalho de ajudar um cliente irresponsável era algo extraordinário – eu teria lhe dado duas vezes aquele valor se tivesse mais dinheiro comigo."

Aquele pequeno gesto do taxista teve um grande impacto; tinha transformado um pesadelo em uma experiência notável. Scanlon chama o que Mike fez de "atenção ao detalhe". Esse é o fundamento para se deixar os outros um pouco melhores.

Em algum momento, ao longo de nossas vidas, aprendemos a prestar atenção no objetivo maior. Aprendemos os benefícios de estabelecer grandes metas, fazer grandes contatos e fechar grandes negócios. Hoje, o grande objetivo talvez seja conseguir um grande número de seguidores. E embora o objetivo maior tenha seu valor, se nos concentrarmos apenas nas grandes recompensas, vamos deixar passar as pequenas oportunidades que fazem a maior diferença. Vamos perder as chances de ir mais fundo, de nos relacionarmos mais intimamente, de fazer os outros se sentirem melhor em seu relacionamento conosco.

"A questão", explicou Scanlon, "não é que pensar no objetivo maior é ruim. Essa é uma parte necessária do progresso – principalmente com pessoas –, mas só isso não é suficiente para você atingir suas grandes metas."

Pense no gerente de vendas da Macy's, que teve uma grande ideia para dobrar as vendas de sapatos femininos em junho. Haveria uma grande liquidação de verão, explicou ele, que, combinada a uma ação de *up-selling*[111], resultaria em um salto de vendas. Mas o resultado, infelizmente, não foi grande coisa.

O 1º de junho chegou e os vendedores pararam de ouvir as histórias dos clientes. Eles pararam de se importar com o orçamento dos clientes e de respeitar o tempo deles. Eles começaram a buscar oportunidades de sugerir sapatos mais caros, um segundo par pela metade do preço ou um acessório combinando. Ao final do mês, as vendas tinham caído 8%.

O que aconteceu de errado?

Um gerente de vendas típico pode querer acusar sua equipe pela falha na execução. Esse gerente, em particular, apontou o dedo para si mesmo. O que ele poderia ter feito de diferente? Ele percebeu que sua obsessão com o objetivo maior tinha desviado a atenção da equipe para com as pequenas ações que poderiam torná-lo realidade. Esse é um erro comum. Felizmente, esse gerente teve uma segunda chance.

Alguns meses depois, a Macy's estava promovendo a liquidação do Dia do Trabalho. O gerente de vendas tentou uma abordagem diferente. Ele traçou o mesmo objetivo maior – dobrar as vendas do mês anterior –, mas dessa vez descreveu os detalhes menores dentro do objetivo maior. Ele pediu à equipe que procurasse oportunidades para servir os clientes: acompanhe-os ao banheiro, segure seus bebês, estacione seus carrinhos atrás do balcão, pense em suas restrições de tempo e de orçamento. Em vez de se concentrar no que estavam vendendo, a equipe de vendas deveria procurar meios de tornar o dia dos clientes um pouco melhor, comprassem ou não sapatos.

O que você acha que aconteceu?

As vendas de setembro foram 40% maiores que as de agosto. As vendas não foram dobradas – uma meta que o próprio gerente admitiu como exagerada – mas foram 50% melhores que o mesmo esforço em junho. E o mais importante foi o progresso. A diferença estava nos detalhes.

O objetivo maior não mudou. Mas a atenção dos vendedores sim. Em vez de se preocuparem em vender muito, eles procuraram formas singelas e significativas de deixar as pessoas um pouco melhores. As pequenas sementes, cultivadas com carinho, proporcionaram uma grande colheita.

Muita gente comete o erro de confundir inspiração com implementação. Como o professor de arte que coloca seus alunos em um campo nos Alpes e pede-lhes que reproduzam o maravilhoso cenário. O quadro é inspirador: grama verde e viçosa, álamos brancos com suas folhas douradas, um riacho sinuoso fluindo em direção às montanhas cobertas de neve. Mas apenas admirar essa linda paisagem não equipa os estudantes para reproduzirem uma ponta de relva na tela. Sem instruções sobre como pintar cada detalhe do cenário, o trabalho deles em nada lembrará o quadro pintado pela natureza. Para que se tornem grandes artistas, capazes de reproduzir a grande paisagem, os estudantes precisam aprender a prestar atenção aos pequenos detalhes. Em nenhuma outra parte da vida isso é mais verdadeiro do que nas relações humanas.

Quem não tem grandes planos para parcerias, colaborações ou amizades? Uma proposta de casamento nada é senão uma visão do futuro de um relacionamento. Um acordo de colaboração nada é senão uma visão do futuro de uma parceria de negócios. Um contrato de trabalho nada é senão a visão de tudo aquilo que empregador e empregado podem realizar juntos. Mas será suficiente declamar seu amor pela mulher? Será suficiente prometer ao cliente ótimo serviço, conteúdo relevante ou bom suporte técnico?

Dizem que Leonardo da Vinci começou a pintar a *Mona Lisa* em 1503 e só concluiu em 1519. Alguns historiadores da arte especulam que ele gastou muito desse tempo elaborando e aperfeiçoando o sorriso enigmático que tem sido o ponto central de conversas sobre a obra há cinco séculos. O famoso sorriso agora adorna sua própria sala de 7,5 milhões de dólares no Louvre, onde 6 milhões de visitantes por ano vão prestar-lhe suas homenagens. O valor da pintura é estimado em cerca de meio bilhão de dólares, embora muitos afirmem que ela não tem preço.[112]

O que seria da *Mona Lisa* sem seu famoso detalhe? Uma grande pintura que nunca teria atingido seu potencial.

Nesse aspecto, suas maiores e melhores intenções – para um relacionamento, para seus seguidores, para uma empresa ou colaboração comercial – também nunca atingirão todo o seu potencial se as intenções inspiradas não se traduzirem em pequenos gestos de serviço e valor.

"A maioria dos empresários trata o serviço ao consumidor como uma campanha publicitária", disse Scanlon. "Eles o publicam, prometem e promovem. Mas a menos que o produzam, em pequenos incrementos a cada dia, o serviço ao consumidor existe só da boca para fora." É a *Mona Lisa* sem o sorriso – um belo trabalho, mas não diferente de outras coisas ou pessoas.

Você precisa se lembrar que aquilo que motiva você a fazer amigos raramente é o que motiva os outros a lhe concederem amizade.

Você é motivado pelo que pode ser conseguido com a lealdade, o apoio ou a colaboração dos outros. Você é motivado pelo objetivo maior de conexão e colaboração – por como as coisas podem ser.

Em contraste, aqueles com quem você quer se conectar e colaborar veem apenas os detalhes da experiência que têm com você. Eles veem a verdadeira medida dos seus motivos em bytes e feitos. Eles são motivados por como as coisas são.

Os outros estão constantemente se perguntando a seu respeito: "Qual o valor do meu relacionamento com essa pessoa?"

"O que você tem feito por mim recentemente?" ainda guia a mente das massas, talvez mais ainda hoje, em meio aos milhões de mensageiros e mensagens disputando atenção. Isso não sugere, como acreditam alguns, que você precisa se superar continuamente, criando verdadeiros espetáculos. Mas significa, simplesmente, que o segredo para o progresso relacional é adicionar valor, e devemos fazer isso com regularidade.

Infelizmente, "na era digital fazer amigos tem a ver com marketing, destacar-se, ser importante", disse o lendário coach Tony Robbins em uma recente entrevista. "Existem duas formas de ser importante", explicou, "faça algo muito bem ou muito mal. Infelizmente, a infâmia é o meio mais fácil de se tornar conhecido, hoje. A tecnologia nos concede o incrível poder de nos conectar com qualquer pessoa no planeta a qualquer hora, e com ela aprender, compartilhar e acrescentar valor. Ainda assim, podemos queimar alguém ou bancar o bobo e ganhar notoriedade instantânea. É triste que muita gente escolha esse caminho."[113]

Além das óbvias consequências para seus relacionamentos que essa abordagem produz, o problema estratégico é que existe uma abundância de itens provocativos sendo veiculados na era digital. Entre os canais de mídia, campanhas de marketing e a mania digital do "eu primeiro", é colossal a competição no estágio de sustentação do interesse. E as recompensas são notoriamente frívolas.

A chave para se fazer amigos e influenciar pessoas hoje, diz Robbins, é "mudar os relacionamentos de manipulativos para significativos. A única forma de fazer isso é através de valor e significado sendo constantemente acrescentados ao relacionamento."

É nessa balança que cada uma das suas interações é julgada – cada tuíte, publicação, e-mail, telefonema e encontro tangível. Para que lado sua balança pende em cada encontro – na direção do maior ou do menor valor? Para que lado sua balança pende ao longo do tempo? Talvez essa seja a pergunta mais importante, porque todos cometemos erros. Temos dias ruins. Contudo, as consequências dos fracassos interpessoais podem ser mais rápidas e implacáveis do que jamais foram. Só por essa razão, o mais sábio é sempre fazer todo o possível – através de cada meio e cada mensagem – para deixar os outros um pouco melhores. Ainda que tenhamos algum espaço para errar, esse está mais para uma lavanderia apertada do que para um salão de baile. Quantas vezes um mero olhar já colocou um relacionamento em risco?

Várias culturas têm seus deuses e deusas da justiça. Têmis era a deusa grega guardiã dos juramentos dos homens e das leis. Diké era a deusa grega da justiça, que pesava o certo e o errado. Justitia era a personificação da justiça, forçada a ascender aos céus pelos erros dos mortais. Maat era a deusa egípcia que manteve o universo em ordem até o momento da criação e depois pesava o coração dos mortos para saber se podiam ir para junto das divindades, ou se deviam ir para o inferno, onde seriam devorados pela deusa Ammut.

De todos esses deuses e deusas surgiu a personificação da Justiça, a imagem de olhos vendados que empunha uma espada e uma balança, associada aos sistemas judiciais do ocidente. Sua mensagem não poderia ser mais simples: para prevalecer, a verdade deve ser pesada caso a caso.

Uma mensagem mais sutil é: qualquer coisa pode fazer a balança pender. Não existe fato irrelevante ou argumento inútil em um caso. As balanças da Justiça pesam tudo.

O que é verdadeiro para a Justiça também é para os relacionamentos humanos. Não existem trocas neutras. Você deixa alguém um pouco melhor ou um pouco pior.

Jordan estava avaliando seu divórcio uma década depois de ocorrido, às vésperas de seu segundo casamento. Um amigo lhe perguntou por que o primeiro tinha falhado. Falhou, disse, porque ele havia negligenciado as balanças. Cada interação com sua esposa enviava para ela uma dessas duas mensagens: que ela era a pessoa mais importante do mundo ou que não era a pessoa mais importante. E ele tinha enviado a segunda mensagem com muita frequência.

Não é realista esperar que cada interação com cada pessoa possa mudar sua vida. Mas sua balança pende para um lado ou para outro todos os dias. Saber disso deveria ser razão suficiente para prestar atenção a cada mensagem que envia. Colocar o altruísmo como sua maior prioridade pode destacar você da multidão em nossa era digital.

David Brooks, colunista do *New York Times*, escreveu uma coluna chamada "Nação *High-Five*[114]", em que ele comparou a humildade demonstrada após a rendição do Japão, ao final da Segunda Guerra Mundial, e o que se demonstra hoje. "Durante a guerra, o fascismo tinha ostentado grandiosidade, pompa, fanfarronice e fervor. A propaganda aliada também tinha cometido seus excessos. Em 1945, todos estavam cheios disso. Havia uma ânsia coletiva por um estilo público que fosse contido, abnegado, modesto e reservado."[115]

Humildade, assim como a sensação de que deveríamos nos preocupar com os outros mais do que com qualquer outra coisa, era parte da cultura daquela época. Ao longo do tempo, esse sentimento começou a mudar, escreve Brooks. "Em vez de ser humilde diante de Deus e da História, a salvação moral poderia ser encontrada no contato íntimo consigo mesmo... autoexposição e amor-próprio tornaram-se formas de se conquistar posições na competição por atenção."[116]

Certamente alguns indivíduos hoje ganham atenção – talvez "notoriedade" seja uma palavra melhor – ao venerarem a si mesmos e criarem uma cultura de celebridade à sua volta. Alguns ganham milhões com essa estratégia. Mas qual é a impressão que temos dessas pessoas? Elas influenciam positivamente os outros? Pode ser que depois de toda essa atenção eles encaminhem as pessoas para algo culturamente bom, o que é melhor do que nada. Mas essas pessoas servem primeiramente como provocadoras. Como o vinho antes de uma refeição insípida, elas preparam nosso paladar para nada substancial.

Existe uma ideia que não mudou ao longo dos milênios – uma conclusão a que os filósofos de todas as culturas chegaram. É tão antiga quanto a própria História. Zoroastro a ensinava aos seus seguidores na Pérsia há 2.500 anos. Confúcio a pregava na China há 2.400 anos. Lao-tse a ensinou a seus discípulos no Vale do Han. Buda a pregava nas margens do Ganges na mesma época. Os livros sagrados do hinduísmo a ensinavam mil anos antes disso. Todos repetiram: não faça aos outros o que não quer que façam para você. Dois mil anos atrás Jesus mudou um pouco o ponto de vista: "Faça aos outros o que gostaria que fizessem a você".[117]

Essa é a única regra na História da humanidade que chamamos "de ouro".

Uma vantagem irônica da nossa era digital é que muitas pessoas têm um sentimento de superioridade, o que lhe concede uma forma simples de produzir uma impressão duradoura: mostre-lhes sutilmente que estão certos. Provavelmente irão lhe retribuir o favor.

"Sabe por que eu gosto de você, Ike?", Winston Churchill perguntou ao presidente Dwight Eisenhower, que tinha trabalhado, mais ou menos harmoniosamente, ao lado de personalidades fortes como Bernard Montgomery, Charles de Gaulle e Franklin D. Roosevelt. "Porque você não é um caçador de glória."[118]

Sempre deixe as pessoas um pouco melhores e você poderá se surpreender o quão grande isso tornará você e quão longe poderá levá-lo.

PARTE 3

Como merecer e manter a confiança dos outros

1

Evite discussões

Em seu livro *The Preacher and the Presidents*, os autores Nancy Gibbs e Michael Duffy contam em detalhes o caminho do reverendo Billy Graham na conquista de improváveis ascendência e influência sem paralelos sobre não apenas sete presidentes dos EUA, mas também sobre praticamente todos os líderes globais do mundo ocidental. Esse caminho, eles observam, não foi percorrido sem resistências, principalmente em seu início. A forma como Graham lidou com um de seus mais ferrenhos opositores fornece uma prévia do primeiro princípio necessário para se ganhar a confiança dos outros.

"Em fevereiro de 1954", registram eles, "Henry Luce, editor da revista *Time* e padroeiro de Graham, escreveu para o representante da *Time* em Londres, o lendário correspondente Andre Laguerre, preparando-o para o que estava para acontecer quando Graham pousasse em Londres para uma cruzada da primavera." Isso foi numa época em que a frequência às igrejas era muito mais baixa na Inglaterra (entre 5% e 15% da população) do que nos EUA (59%). "A religião na Inglaterra está morrendo", observou Luce, "de modo que vai ser interessante observar qual vai ser o impacto de Billy... Ele provavelmente vai ser escarnecido por todas as pessoas que você conhece."

Um desses escarnecedores, explicam Gibbs e Duffy, era um colunista do *Daily Mirror*, "um homem chamado William Connor, que chamava Graham de 'a versão hollywoodiana de João Batista'. Como fazia frequentemente com seus críticos mais proeminentes, Graham propôs que eles se conhecessem pessoalmente; maldosamente, Connor sugeriu como local do encontro um pub chamado A Cabeça de Batista".

Como se viu depois, nem Luce, Laguerre ou Connor conseguiram prever o efeito que Graham teria sobre a cidade. "Apareceu tanta gente na primeira semana que dali em diante ele marcou três encontros aos sábados, no estádio de Harringay... Noite após noite, onze mil pessoas sentadas, mais mil em pé, na chuva, na neve ou no frio, ouviam a pregação de Graham." Sua plateia incluía membros do Parlamento, um almirante e o chefe do Estado-Maior da Marinha. Os jornalistas também não conseguiram prever o efeito que Graham exerceria neles pessoalmente – em especial William Connor. Depois de encontrar o pregador para um bate-papo no pub de nome irreverente, Connor, o crítico, tornou-se Connor, o admirador.

"Eu nunca pensei", confessou ele sobre Graham em um texto subsequente, "que a benevolência pudesse ser tão afiada. Eu nunca pensei que a simplicidade pudesse golpear a nós, pecadores, tão duramente. Vivendo e aprendendo."[119]

Ainda que Graham pudesse ter empregado uma postura passiva--agressiva, ignorando as provocações sarcásticas, ou combatido as provocações mostrando indignação pela imprensa, ele escolheu uma postura mais elevada e eficaz. Ele evitou completamente uma discussão e conquistou seu crítico com elegância e boa vontade.

Discutir com alguém raramente vai lhe adiantar de algo. As discussões normalmente acabam com cada pessoa mais firme na convicção de que está certa. Você pode ter razão, pode estar coberto de razão, mas discutir é tão fútil quanto se estivesse absolutamente errado.

O humorista Dave Barry exemplificou bem isso quando disse: "Eu sou muito bom em discussões. Pergunte a qualquer um dos amigos que eu ainda tenho. Eu consigo vencer uma discussão sobre qualquer assunto, contra qualquer oponente. As pessoas sabem disso e me evitam nas festas. Aliás, como sinal de grande respeito, eles nem me convidam mais para festas."

Muito do nosso tempo on-line é gasto discutindo ou alimentando discussões. É só olhar para os comentários no rodapé dos blogues populares ou dos sites de notícias. É quase sempre uma sucessão de bate-bocas ou de demonstrações de (suposta) superioridade. Além disso, o debate corporativo e político atual parecem envolver, primeiramente, a exposição de crenças e a cristalização de pontos de vista, em vez de procurar pontos comuns sobre os quais se possa construir algo de valor. Poucas dessas discussões mudam a forma de pensar de alguém. Como os argumentos são filtrados digitalmente e não têm as consequências das confrontações que ocorrem face a face, os dois lados acabam involuindo para ataques pessoais debochados ou ambiguidade passiva – as ferramentas menos eficazes das relações humanas.

Esse foi o caso quando o ex-CEO da British Petroleum, Tony Hayward, exagerou ao se defender, com sua apatia arrogante, em reação à trágica explosão da plataforma Deepwater Horizon, no golfo do México, que ceifou onze vidas humanas, e subsequente vazamento de óleo que arrasou os ecossistemas dos estados vizinhos e acabou com o ganha-pão de milhares de trabalhadores nos EUA.

De acordo com um artigo no *The Times*, ele começou por refutar dados científicos sobre a natureza e a extensão do vazamento. Depois, argumentou que o vazamento era "minúsculo" se comparado com o tamanho do oceano, e que o impacto ambiental do maior vazamento de óleo da América, mais um total de 950 mil galões de dispersante tóxico usados no tratamento, seria "muito, muito modesto". Esse foi o início de uma série de gafes da qual ele não se recuperaria, e que incluiu um desajeitado pedido de desculpas ao povo da Louisiana no qual ele declarou: "Eu gostaria de recuperar minha vida".[120]

Quando, dois dias depois de driblar perguntas e não aceitar responsabilidades diante de congressistas dos EUA, ele foi visto em Cowes, na costa sul da Inglaterra, onde participaria de uma corrida de iates com seu barco *Bob*, ficou evidente o que já se tinha percebido: tivesse ou não razão, Hayward perdera tanto sua credibilidade quanto seu caso na corte da opinião pública. Quando influência e impacto estão em jogo, geralmente essa é a única corte que interessa.[121]

Depois de tudo isso, poucos conseguiam confiar nesse homem. Ele só parecia se importar com duas coisas: ele mesmo e seu império.

Com sua abordagem polêmica, a BP rapidamente passou de suspeita a condenada, não importando que história os fatos acabariam por contar. Começou, então, o boicote dos consumidores aos produtos BP. Por que abastecer em um posto BP quando havia uma dúzia de concorrentes cujos líderes não demonstravam a mesma frieza insensível enquanto tentavam se eximir de culpa com argumentações descabidas?

Parte dessa reação em cadeia baseou-se em uma percepção emocional, é claro, mas a percepção vira realidade quando os fatos não estão claros. E quando o caso está nos domínios das relações humanas, a percepção costuma ser tão poderosa que nem mesmo fatos irrefutáveis conseguem suplantar a onda de publicidade negativa que os precedeu.

Em defesa de Hayward, após sua demissão da BP – um dia que ele chamou de o mais triste da sua vida – ele se mostrou muito mais empático, não apenas pelo papel da sua empresa no vazamento, mas também pela forma como tratou a tragédia. Os amigos celebram Hayward como um homem gentil e generoso, dedicado à família, e sem dúvida devem ter boas razões para tanto. Além disso, a BP tem sido uma empresa sólida e respeitável há décadas. Ambos merecem ser apreciados por seus melhores momentos. Qualquer um de nós poderia estar em situação semelhante caso uma de nossas discussões acaloradas com a esposa, um colega ou cliente fosse amplamente divulgada. E, provavelmente, Hayward e a BP voltarão a ser valorizados. Mas não seria melhor evitar a queda, em primeiro lugar?

Nós temos que enfrentar conflitos praticamente todos os dias de nossas vidas. Então, como fazemos para evitar que uma troca de ideias torne-se uma discussão agressiva? Nós precisamos dar mais valor à interdependência do que à independência, e compreender que uma negociação respeitosa é mais eficaz, no longo prazo, do que uma cruzada indiferente aos anseios dos outros.

Um líder sul-americano provou o mérito desse princípio apesar de grandes dificuldades pessoais e históricas. Um homem que veio da pobreza, liderou um sindicato durante a ditadura militar, viu sua mulher morrer grávida de oito meses porque eles não podiam pagar por atendimento médico adequado, e que ajudou a formar um partido político com sua cara. Pode-se imaginar que tal homem seja um guerreiro. Mas Luiz Inácio Lula da Silva desafiou as expectativas em todos os momentos.

"Minha mãe sempre dizia: quando um não quer, dois não brigam", disse Lula a um repórter certa vez. Então, Lula não briga. Essa postura ajudou-o a se tornar presidente do Brasil e manter-se no cargo por oito anos. Depois que o seu Partido dos Trabalhadores perdeu eleição após eleição para a presidência, ele estabeleceu uma aliança com partidos de direita e cortejou líderes empresariais – apesar de seus objetivos sociais. Quando se tornou presidente com a promessa de dar prioridade aos pobres do Brasil, ele também fez alianças com os ricos e poderosos, de olho no crescimento da economia.

"Eu me considero um negociador. Se queremos paz e democracia, precisamos ser tolerantes e negociar mais", disse ele.[122] A tolerância e a capacidade de negociação de Lula ajudaram-no em suas realizações durante seu mandato. Através de alianças domésticas e internacionais, ele ampliou programas sociais que tiraram mais de vinte milhões de pessoas da pobreza, levando-as à classe média, enquanto manteve a estabilidade e o crescimento da economia. Em um país conhecido pelo abismo existente entre ricos e pobres, as habilidades pessoais de Lula puseram o Brasil na rota para reverter desigualdades históricas.[123]

A noção de comunicação tem sido muito mal interpretada, explica a especialista em comportamento corporativo Esther Jeles. "Fomos levados a acreditar que o importante é o que transmitimos. Ao fazer isso, frequentemente não conseguimos realizar todo o potencial das nossas interações."[124]

Jeles costuma lembrar os executivos e empregados de seus clientes – Twentieth Century Fox, Leo Burnett e HARPO, Inc. – que existe uma razão importante por que todas as técnicas de crescimento pessoal nascem do ato de escutar sua sabedoria interna. Dentro de todos nós há "um cofre de melhor compreensão, maior conhecimento e boas ideias", explica ela. "A tensão e o conflito ocorrem quando você – e/ou aqueles que estão com você – ignora o fato de que os outros também têm essa sabedoria interna que deve ser ouvida."

Como, então, construímos a prática de evitar discussões?

Compreenda a vantagem extraordinária que é operar de forma interdependente.

Isso acontece, diz Jeles, quando você "admite que melhores resultados interpessoais são mais prováveis quando sua experiência e seu discernimento somam-se aos dos outros".

Não importa o quão expressivo ou persuasivo você possa ser, o progresso não acontece com uma pessoa sobrepujando a outra. Ele acontece quando o resultado final da tensão é uma ampliação mútua do discernimento e do crescimento pessoal. E se você conseguir enxergar suas interações em meio à tensão e ao conflito, haverá pouco o que não conseguirá fazer em colaboração com os outros.

"Todos nós sabemos como receber atenção", afirma Jeles, "mas poucos de nós sabem como conquistar atenção e respeito ao mesmo tempo." Destaque-se sendo uma pessoa que evita as discussões que a maioria adora.

2

Nunca diga "você está errado"

A melhor solução, a decisão mais sábia e a ideia mais genial geralmente vêm dos outros. Ainda assim, nós encontramos muita facilidade em declarar que uma pessoa está errada, muitas vezes antes de termos tempo para refletir sobre o que ela está dizendo.

Mesmo quando acreditamos que o outro está errado, a melhor forma de garantir o fim de uma interação e qualquer chance de conexão ou colaboração significativa é dizer isso para essa pessoa.

"Aqueles que esquecem o passado estão condenados a repeti-lo. Aqueles que aprendem as lições erradas com o passado podem, também, estar igualmente condenados", escreveu Deepak Malhotra, professor da Harvard Business School e coautor de *O gênio da negociação*, na abertura de um artigo para a Forbes.com comparando a contenda sobre a divisão das receitas de 2011 da NFL[125] com uma disputa semelhante entre os proprietários e jogadores da National Hockey League[126] em 2004-2005.

Nas duas disputas, os proprietários, preocupados com os custos em ascensão, pediram aos jogadores que aceitassem uma parte menor das receitas da liga. Nas duas contendas, os jogadores rejeitaram os pedidos dos proprietários e pediram para ver provas dos custos mais altos. Nas duas, inicialmente os proprietários recusaram-se a fundamentar suas afirmações. Na NHL a situação ficou feia, porque nenhuma das partes quis recuar. "Acusações de ganância foram disparadas", conta Malhotra. "Incapaz de resolver as diferenças meses depois de o Acordo de

Negociação Coletiva ter expirado, a NHL teve que cancelar a temporada. Dois bilhões de dólares em receitas foram perdidos."

Esse resultado era inevitável? De acordo com Malhotra, ele poderia ter sido evitado se os lados tivessem compreendido o problema básico de relações humanas que estava no coração da questão. "Os dois lados perderam a temporada porque os donos recusaram-se a admitir que os jogadores tinham preocupações legítimas. Ao enxergá-los como gananciosos, em vez de desconfiados, os proprietários adotaram a estratégia errada – intransigência em vez de transparência – por muito tempo."

A disputa caiu na armadilha do "eu estou certo, você está errado", porque nenhum dos lados considerou a alternativa – que talvez os dois estivessem certos. Há uma lição crítica, aqui. "As negociações se tornam mais produtivas", conclui Malhotra, "quando cada lado admite que o outro pode ter preocupações legítimas. Na disputa da NFL tanto os proprietários quanto os jogadores precisam adotar posturas mais flexíveis na negociação... ou os fãs vão ter que fazer algo diferente no horário dos jogos de futebol, no próximo outono."[127]

A flexibilidade é um conceito crítico para se lembrar no meio de um desentendimento. Na maioria das disputas, nossas diferenças com os outros são, frequentemente, mais sutis do que nos permitimos ver. Com muita facilidade, tratamos a dissonância como um precipício que não pode ser cruzado – sendo a única solução um dos lados mergulhar (ou ser empurrado) no abismo, para que só um ponto de vista permaneça. Isso está longe da verdade. "A amizade que insiste na concordância não merece esse nome", declarou Mahatma Gandhi. "A amizade, para ser verdadeira, deve suportar o peso das diferenças honestas, ainda que sejam grandes."[128] A verdade é que o desentendimento normalmente é apenas uma rachadura no chão, e pode ser negociado com facilidade se sentarmos à mesa com a mente aberta.

"Nós falamos porque sabemos algo", explicou a especialista em comportamento corporativo Esther Jeles, em entrevista recente. "Ou porque achamos que sabemos algo. Ou, em nosso trabalho, porque há uma expectativa de que 'deveríamos' saber algo." Essa expectativa de conhecimento tende a trabalhar contra nós nas interações, porque ela fecha nossas mentes às possibilidades que existem fora do que trazemos para a negociação. Nós entramos na interação esperando corroboração, e se esta não vier, passamos o resto da interação tentando rebater o que o outro diz ou, até, reprimindo o direito de o outro dizer qualquer coisa. O resultado é que a colaboração – ou a possibilidade dela – malogra. Se sua forma de agir é essa, raramente conseguirá progresso em qualquer relacionamento.

Toda solução de problemas, colaboração ou resolução de disputas que se quer eficaz, disse Jeles, começa com o esvaziamento da mente – daquilo que sabemos ou achamos que sabemos.

"Isso pode parecer incrivelmente não natural", admitiu ela, "porque fomos treinados para demonstrar o que pensamos, mostrar nosso conhecimento, nossa inteligência – nós pensamos antes de falar." Mas, se adotarmos um estado de vazio mental ao iniciar uma negociação, assumimos uma postura mais humilde e honesta. Nós admitimos a possibilidade de não sabermos todos os fatos e de que não somos os únicos com razão. Melhor ainda, nós criamos a possibilidade de colaboração significativa – a fusão de ideias, pensamentos e experiências em algo maior que a soma de duas partes.

A noção de que não temos sempre razão, e que, de fato, podemos estar errados é quase sempre verdadeira. Ainda assim, parecemos avessos a admiti-la. Por que será?

Normalmente, é porque damos mais valor à vitória pessoal do que à possibilidade de colaboração. Mas, ao fazê-lo, não apenas prejudicamos o relacionamento, como também ameaçamos a probabilidade de um progresso maior do que pensamos possível originalmente. Nossa expectativa é muito pequena se, de um desentendimento, queremos tirar só um vencedor.

Jeles tirou a história a seguir de sua experiência com um conglomerado de comunicações, bastante conhecido, cuja resposta ágil a um desastre nacional resultou em conflito interno na empresa.

Seu telefone tocou à meia-noite – era o presidente do conglomerado de comunicações, seu cliente. Ele precisava que Jeles fosse a facilitadora de uma reunião, no primeiro horário da manhã seguinte, que deveria lidar com uma linha de montagem de catástrofes.

O presidente estava se referindo à tragédia do furacão Katrina. Na esteira de um dos piores desastres naturais dos EUA, sua empresa tinha rapidamente distribuído 90% dos seus funcionários em várias regiões da costa do golfo. Sem planejamento ou estratégia, apenas instruções gerais para conseguirem histórias importantes. Duas semanas depois, as equipes enfrentavam a realidade de retomar a rotina, que estava severamente desarticulada.

"Tenho quatro equipes de produção brigando sobre qual cobertura deve ter prioridade", explicou o presidente. "Estou brigando com a produção sobre a questão dos vetos. E a contabilidade está brigando com todo mundo sobre a divisão das enormes despesas da coisa toda." Ele fez uma pausa, e continuou para lhe contar quanto tinha custado: "Seis vezes mais que as produções anteriores".

O papel de Jeles, disse o presidente, era se reunir com os chefes das equipes belicosas e ajudá-los a conversar a respeito.

Jeles sabia exatamente o que fazer.

Na manhã seguinte, enquanto aguardava no auditório onde se daria a reunião, ela observou uma cena conhecida: os executivos e seus assessores entravam no auditório trazendo (metaforicamente) cada um seu caso – o caso que iriam apresentar para ganhar a contenda. Depois que todos se sentaram, ela começou a falar, e fez um convite:

"Eu gostaria que todos fizessem uma pausa e perguntassem a si mesmo o seguinte: 'O que eu poderia ter feito de diferente, durante esse trabalho, para ajudar os outros departamentos a serem bem-sucedidos?'".

Em sua cabeça, disse Jeles, ela conseguiu ouvir uma série de pancadas, conforme os executivos deixavam cair seus "casos" no chão. Depois, as orelhas se empinaram em todo o auditório enquanto, um por um, os chefes de equipe revelavam seus pensamentos sobre como "no futuro nós poderíamos".

O diretor financeiro começou sugerindo que as equipes de produção e contabilidade poderiam esboçar um orçamento preliminar para os projetos.

"Nós não temos tempo", retrucou o vice-presidente de produção, "para sentar e ficar fazendo orçamentos quando a história está acontecendo."

Jeles interveio com uma pergunta: "Você compreende por que a contabilidade está sugerindo isso?".

"Para não gastarmos demais", respondeu o vice-presidente.

"A contabilidade", acrescentou Jeles, "tem uma função indispensável à sobrevivência da empresa, tão importante quanto a produção." Então, ela perguntou ao diretor financeiro e ao vice-presidente de produção: "Será que seus dois departamentos não poderiam trabalhar juntos para criar um orçamento preliminar para produções semanais, outro para matérias urgentes com limites flexíveis, baseados no tamanho da crise?".

Os dois assentiram. A mediação continuou.

O diretor jurídico da empresa sugeriu que seu departamento poderia redigir um documento com as "questões mais propensas a vetos" para que a produção saiba de antemão como evitar longos processos de veto.

Jeles olhou para o vice-presidente de produção, que assentia. "Isso seria muito útil", concordou ela.

"Combinado", respondeu o diretor jurídico.

A reunião continuou dessa maneira, chegando até a especificar alguns pontos dos itens sugeridos, incluindo orçamentos e documentos. Em 30 minutos, todos no auditório estavam de acordo sobre as soluções. A reunião foi formalmente suspensa, e foi então que a coisa mais surpreendente aconteceu: muitos executivos e seus assessores continuaram no auditório para aproveitar o clima de colaboração.

Jeles pegou sua bolsa, preparando-se para sair, quando o presidente se aproximou. "Até hoje, em 25 anos de trabalho", declarou ele, "nunca participei de uma reunião em que houvesse mais gente escutando do que falando."

Com o mesmo espírito dos grandes artistas que começam seu trabalho com uma página ou tela em branco, ou um bocado de argila, devemos entrar em todas as disputas com a mente aberta para o que mais podemos descobrir e produzir em conjunto. Somente assim conseguimos desenvolver o verdadeiro potencial interpessoal.

Em 26 de junho de 2000, no Salão Leste da Casa Branca, onde Teddy Roosevelt costumava se recolher, onde Amy Carter fez seu baile de formatura e onde Lewis e Clark acamparam em suas tendas, o presidente

Bill Clinton anunciou o término do sequenciamento do genoma humano. "A humanidade está conquistando um imenso e novo poder para curar", observou ele.[129]

Ao lado dele estava o dr. Francis Collins, célebre geneticista e chefe do Projeto Genoma Humano. Durante sete anos ele liderou uma equipe internacional com mais de mil cientistas no que J. Madeleine Nash, jornalista da *Time*, chamou de "o desafio de um grande esforço tecnológico, que muitos colocam no mesmo nível da divisão do átomo e da chegada do homem à Lua". Na ocasião, Collins declarou: "Só existe um Projeto Genoma Humano, que só acontecerá uma vez. A oportunidade de estar no comando desse projeto e colocar minha marca pessoal nele é mais do que eu poderia imaginar."[130]

O fato de Collins fazer isso ao mesmo tempo em que competia contra um antigo colega tornava tudo ainda mais interessante.

Em maio de 1998, cinco anos depois de Collins concordar em comandar o projeto, Craig Venter, um impetuoso biólogo do NIH que estava entre os inúmeros cientistas dedicados a empregar genomas na cura de doenças, anunciou que estava fundando uma empresa que anteciparia os resultados do projeto de Collins em quatro anos.

A "corrida" entre Collins e Venter prometia grandes reportagens. Uma questão central na disputa eram as personalidades muito diferentes dos dois homens – um impertinente, o outro reservado. E Collins, o reservado, não tinha outra opção a não ser competir. Fazê-lo significava fazer cientistas de seis países, várias agências governamentais e ainda mais numerosos laboratórios de universidades trabalharem juntos em uma empreitada por um interesse comum, e não por glória individual.

Assim, foi ainda mais notável que, naquele dia, no Salão Leste, Francis Collins apresentou Craig Venter desta forma: "Articulado, provocador e nunca complacente, ele introduziu uma nova forma de pensar a Biologia... É uma honra e um prazer trazê-lo para que apresente a vocês esta conquista histórica".

Collins escolheu o caminho da cooperação e da parceria, resistindo à tentação de proclamar que Venter estava errado. Em última análise, ele apenas o viu como diferente. Mas diferente não tinha que significar "em oposição". Embora Collins admita que os dois são "pessoas diferentes... programados de formas diferentes", Nash, na *Time*, nota que "Collins diz agora que considera Venter como 'estimulante de uma forma positiva'".

No centro da afirmação que os outros estão errados está, na verdade, uma confissão muda de que não queremos ser rejeitados. É a vontade íntima de nós não querermos estar errados que projetamos o erro nos outros. Não fosse um lembrete pontudo, de couro, o próprio Dale Carnegie teria sido vítima dessa reação indesejável.

Pouco depois do final da Primeira Guerra Mundial, ele trabalhava como gerente comercial para Sir Ross Smith. Durante a guerra, Sir Ross tinha sido o ás australiano na Palestina; pouco depois que a paz foi declarada, ele surpreendeu o mundo circundando meio globo em trinta dias. Tal feito jamais fora tentado antes. Aquilo criou uma comoção tremenda. O governo australiano premiou-o com 50 mil dólares, o rei da Inglaterra o fez cavaleiro e durante algum tempo ele foi o assunto preferido da aldeia global.

Certa noite, Dale Carnegie participava de um banquete em honra a Sir Ross. Durante o jantar, o homem que se sentava ao seu lado contou uma história bem-humorada cuja conclusão era a citação "Há uma divindade que define nosso fim, mas o esboçamos a nosso gosto".

O narrador mencionou que a citação era da Bíblia. Ele estava errado, e Carnegie tinha certeza disso. Como ele mesmo admitiu, depois, Carnegie se autonomeou para o indesejado comitê de um só que corrigiria o homem.

O outro ficou na defensiva. Shakespeare? Absurdo! Aquela citação era da Bíblia. O homem tinha certeza disso.

Frank Gammond, velho amigo de Carnegie, estava sentado à sua esquerda. Gammond devotara anos ao estudo de Shakespeare. Então, o narrador e Carnegie concordaram em submeter a dúvida ao perito.

Gammond ouviu, chutou Carnegie por baixo da mesa e disse: "Dale, você está errado. Este senhor está com a razão; é da Bíblia".

A caminho de casa, naquela noite, Carnegie disse a Gammond: "Frank, você sabia que aquela citação era de Shakespeare".

"Claro que sim", respondeu Gammond. "Hamlet, ato cinco, cena dois. Mas nós éramos convidados em uma ocasião festiva, meu caro

Dale. Por que provar a um homem que ele está errado? Isso vai fazê-lo gostar de você? Por que não o deixar salvar a própria pele? Ele não pediu a sua opinião. Ele não a queria. É bom sempre evitar as arestas."

Aquilo ensinou a Carnegie uma lição que ele nunca esqueceu.

Dizer às pessoas que estão erradas só irá lhe trazer inimigos. Poucas pessoas reagem logicamente quando lhes dizem que estão erradas. A maioria reage emocional e defensivamente porque você está questionando seu discernimento. Você não deve evitar apenas as palavras "você está errado". É possível dizer a mesma coisa com um olhar, uma entonação ou um gesto. Então, deve-se evitar dizer isso de todas as formas possíveis. E se você vai provar alguma coisa, não deixe ninguém saber disso.

É fácil deixar um certo tom contaminar sua comunicação on-line, um que diz à outra pessoa que ela está errada. Às vezes não percebemos que esse tom está lá até lermos a mensagem algum tempo depois. Acreditamos estar sendo diplomáticos, mas cada palavra, apresentada na ausência da expressão corporal ou da entonação da voz, é normalmente uma condenação. Essa é uma das razões porque a resolução de litígios deve ser feita pessoalmente.

Em vez de apresentar uma argumentação truncada através de e-mail, mensagem instantânea ou Twitter, crie um ambiente mais respeitoso e conciliatório para uma conversa. Então apresente sua opinião com a mente aberta. Embora você possa, de fato, estar certo e a outra pessoa errada, não faz sentido machucar o ego de alguém ou prejudicar permanentemente um relacionamento. Se você lembrar daqueles que insistiram, obstinados, que você estava errado, vai perceber que os outros também se lembrarão de você da mesma forma negativa se escolher transformar uma interação em uma oportunidade para ensinar uma lição em vez de uma chance para fortalecer um relacionamento.

Sempre recorra à diplomacia. Admita que você pode estar errado. Acredite que a outra parte pode estar certa. Seja sensato. Faça perguntas. E, acima de tudo, procure encarar a situação do ponto de vista do outro e demonstre respeito.

Uma postura tão humilde leva a relacionamentos, colaborações e resultados inesperados.

3

Admita seus erros rápida e enfaticamente

Não existe nada mais clichê do que dizer que "o árbitro influenciou no resultado" de um jogo. Embora o esporte e as circunstâncias possam variar, os árbitros costumam errar. Alguns erros são tão famosos que têm até apelido.

O gol da "mão de Deus", por exemplo. Nas quartas de final da Copa do Mundo de Futebol, Argentina e Inglaterra estavam empatadas quando o capitão argentino, Diego Maradona, ao disputar no alto a bola com o goleiro inglês Peter Shilton, socou a bola para dentro da rede. O árbitro, Ali Bin Nasser, não viu a mão na bola e confirmou o gol.

Na liga americana de beisebol de 1996, os Orioles ganhavam dos Yankees por 4 a 3 no final do oitavo *inning*[131] quando o jogador Derek Jeter rebateu a bola, enviando uma "voadora" para a direita do campo. Jeffrey Maier, um torcedor de doze anos, esticou-se por sobre a cerca e pegou a bola, o que impediu Tony Tarasco, jogador dos Orioles, de concluir a jogada. O árbitro Rich Garcia apontou, incorretamente, um *home run*[132] dos Yankees, quando deveria indicar bola fora ou jogada inválida. Isso permitiu que os Yankees, na sequência, ganhassem o jogo.

Somem-se a esses incidentes outros milhares de decisões erradas, e pode-se compreender a exasperação dos torcedores para com os árbitros. É certo que nós somos apaixonados por nossos times. Mas os árbitros são seres humanos, afinal, e estão sujeitos a erros. O que faz a exasperação persistir, contudo, é a incapacidade ou falta de vontade de os árbitros admitirem seus erros.

É exatamente isso que torna um dos piores exemplos de erro de arbitragem tão extraordinário – e, no final, redentor.

O que aconteceu foi chamado de "o roubo perfeito". Desde 1900 – quando começou o que é reconhecido como beisebol moderno – cerca de quatrocentos mil jogos desse esporte foram disputados nos EUA. Durante todo esse período, em apenas dezoito vezes um arremessador foi perfeito, eliminando todos os rebatedores adversários, um a um, sem lhes dar chance de fazer a bola chegar em um companheiro ou alcançar uma base sequer. Para compreendermos melhor o que isso significa, as chances de um arremessador conseguir essa "jogada perfeita" (uma em vinte mil) são bem menores do que a chance de você ser atingido por um raio em sua vida.[133]

Mas uma jogada perfeita era exatamente o que fazia Armando Galarraga, arremessador dos Detroit Tigers, em uma noite de junho de 2010. Ele já tinha eliminado 26 rebatedores, consecutivamente, e tinha conseguido que o vigésimo sétimo rebatesse uma bola fraca para o chão, na direção da primeira base. Galarraga correu da sua posição, pegou a bola antes do adversário na primeira base e se preparou para comemorar. Só houve um problema: o ábitro, Jim Joyce, levantou os braços e gritou: "Salvo!".

Galarraga tinha perdido sua jogada perfeita para um dos erros de arbitragem mais absurdos da história do esporte.

Mas foi aí que a situação tomou um rumo inesperado. Esse é, talvez, o detalhe mais importante e memorável dessa história.

Quando voltou ao vestiário, Joyce imediatamente assistiu ao vídeo da jogada – e bastou uma vez. Ele viu o tamanho do seu erro. Mas, em vez de deixar a poeira baixar em silêncio, como fazem muitos dos seus colegas, Joyce tomou uma atitude diferente. Ele caminhou até o vestiário dos Detroit Tigers e pediu para falar com Galarraga.

Com o rosto vermelho como um tomate, lágrimas nos olhos, ele abraçou Galarraga e conseguiu soltar duas palavras antes de se dissolver em lágrimas: "Sinto muito".

Ele se desculpou de forma corajosa e sem reservas. Ao fazê-lo, ele mudou a história do esporte. O beisebol já testemunhara outras jogadas perfeitas, mas essa foi a primeira jogada redentora.

Existem muitas coisas comuns a todos os humanos – nascimento, morte e uma vida cheia de erros. Todos nós sabemos disso, e a grande maioria dos nossos erros, ainda que temporariamente frustrantes e até enlouquecedores para os outros, são desculpáveis.

Por que, então, temos tanta dificuldade em admiti-los?

Veja o exemplo do Tiger Woods. Sua batida de carro, na noite de Ação de Graças, na frente da sua casa, rapidamente disparou intermináveis acusações e alegações de casos extraconjugais. Em outras épocas, rumores de casos circulavam pela cidade como fofoca sem fundamento. Mas nossa era digital transmite, acusa e condena da noite para o dia.

A resposta de Woods? Uma admissão vaga e ensaiada de suas "transgressões" e um pedido de privacidade. Sua vida pessoal e profissional logo desabaram à sua volta. Patrocinadores o abandonaram, sua mulher o deixou e sua habilidade no golfe também sofreu.

Ele poderia ter escolhido um caminho diferente? Claro.

Nas primeiras semanas após o acidente, antes que os acordos de patrocínio fossem cancelados e a mulher de Woods o largasse, peritos em relações públicas observaram que uma atitude diferente poderia ter parado a sangria mais cedo. O jornalista Mike Sunnucks, em artigo do *Phoenix Business Journal,* citou Abbie Fink, da empresa de relações públicas HMA:

> Fink disse que Woods e seus assessores escolheram o silêncio em vez de procurarem esclarecer uma história que acabou sendo conduzida pelo site de fofocas TMZ e pela *National Inquirer.* "Na falta de qualquer informação da parte de Tiger, a imprensa foi procurar suas fontes. E, pelas notícias de hoje, parece que existe muita gente disposta a contar o seu lado da história", disse Fink.
>
> Troy Corder, um executivo da Critical Public Relations em Phoenix, disse que a equipe de Woods cometeu diversos erros, incluindo mentir, se esconder, adotando uma mentalidade defensiva, e não estar pronto para responder aos repórteres dos tabloides, que estavam parcialmente certos.[134]

Um rápido e sincero pedido de desculpas, em público, teria feito com que ele colocasse os pés no chão da forma certa. Até então, Tiger Woods era um ícone intocável. Uma admissão de culpa rápida e enfática não só teria esclarecido as coisas, mas também teria mostrado ao público que ele é como qualquer um de nós, humano, e sujeito a erros. Isso o teria ajudado a voltar às boas graças do público e dos patrocinadores mais cedo.

Amy Martin, CEO da Digital Royalty, observou:

> Tiger deveria humanizar sua imagem através dos canais de mídia social, principalmente o Twitter e vídeo em tempo real. Sua presença no Facebook tem um tom promocional e bem-acabado e faz seus fãs quererem saber o que acontece nos bastidores.[...] Se ele tivesse permitido que as pessoas vissem o ser humano por trás da personalidade de astro, as percepções e expectativas teriam sido diferentes nos eventos recentes.

Infelizmente, não foi esse o caminho escolhido pela equipe de Tiger Wood após os eventos que alteraram o curso da sua carreira. E a poeira demorou muito mais para assentar. Esse é o efeito de se ignorar esse princípio na era digital. Notícias negativas se espalham mais rapidamente do que nunca. Se você fez algo errado, o melhor é controlar as notícias que estão sendo espalhadas. Abra o jogo de forma rápida e convincente.

Uma razão por que achamos tão difícil admitir nossas falhas é que costumamos nos esquecer da mensagem que um pedido de desculpas transmite. Isso é particularmente perigoso nos nossos dias. A admissão imediata e enfática do nosso erro funciona como um comunicado à imprensa confirmando que, sim, nós nos importamos com as pessoas que magoamos, estamos envergonhados e queremos reparar o dano. As pessoas raramente se apegam à raiva e à decepção quando percebem que enxergamos claramente a situação e nós mesmos. Somos mais indulgentes com quem está disposto a esclarecer rapidamente as coisas.

Compare a forma como o público enxerga, hoje, o jogador de beisebol Jason Giambi, que, chorando, admitiu imediatamente o uso de anabolizantes logo que o escândalo veio à luz, com a percepção que se tem do ex-jogador Mark McGwire, que esperou cinco anos para esclarecer a situação. Giambi recuperou sua vida com rapidez. O público foi benevolente e rápido ao perdoá-lo. Ainda que McGwire possa ter suas razões para ter demorado em se explicar, na cabeça de muitos torcedores de beisebol ele estará marcado para sempre como usuário de anabolizantes. Meia década depois do fim da sua carreira estelar, ele ainda estava longe de ser levado ao Hall da Fama, algo que antes era tido como certo.

Se formos indiferentes e ambíguos sobre nossos erros, também estaremos soltando um comunicado à imprensa, só que este afirmará: "Eu quero minha vida de volta". Embora todos nós gostaríamos de recuperar a mesma vida que tínhamos antes do erro, precisamos lembrar que a única responsabilidade pela mudança nas circunstâncias é nossa. Não é dever dos outros devolver-nos a vida que nós mesmos jogamos fora. Somente nós mesmos podemos recuperar nossa vida. E isso sempre começa com a admissão dos nossos erros de modo rápido e enfático.

O que todos nós parecemos esquecer, uma vez ou outra, é que existe um certo grau de satisfação em ter a coragem de admitir o próprio erro. Isso não apenas "limpa" o ambiente da culpa e da postura defensiva, mas também ajuda a resolver mais rapidamente o problema causado pelo erro.

Ronald Reagan era conhecido como o "Grande Comunicador" porque, para a alegria de seus admiradores e consternação de seus críticos, ele conseguia passar da fraqueza defensiva para uma posição de força com uma simples frase espirituosa.

Um de seus métodos comprovados? Ele se sentia à vontade para pedir desculpas. Durante um dos momentos mais delicados de sua presidência, ele fez graça com sua própria equipe na Casa Branca: "Nossa mão direita não sabe o que a mão extrema-direita faz".[135]

Reagan sabia que era mais fácil aguentar a autocondenação do que a condenação pelos outros. Se vamos apanhar de qualquer jeito, não é melhor bater antes dos outros?

Quando reconhecemos e admitimos nossos erros, a reação dos outros é, tipicamente, de perdão e generosidade. Rapidamente, o erro fica menor aos olhos dos outros. Mas, quando recusamos a responsabilidade ou a admissão dos nossos erros, provocamos a ira daqueles à nossa volta e nossa falha parece crescer em importância e efeitos negativos.

Hoje em dia temos a oportunidade de transmitir nossas explicações, e assim fazer todos saberem que cometemos um erro e sentimos muito por isso. Podemos conter, dessa forma, as opiniões negativas antes que cresçam. E conquistamos o respeito dos outros, porque é preciso coragem para admitir as próprias falhas em público.

Também é preciso coragem para admitirmos nossas falhas em particular. Pense nas nossas famílias. Não é difícil para maridos e esposas admitirem seus enganos um para o outro? É algo como se esfaquear na barriga. Mas, não importa o erro, é crucial escolher o caminho da humildade e contar com a força do perdão.

Anne era uma bem-sucedida executiva financeira e mãe de três crianças. Formada com honras em uma faculdade da *Ivy League*[136], ela nunca fracassara em nada e se casou com o homem dos seus sonhos. Então, uma noite, Anne se viu confraternizando com colegas de trabalho em uma convenção fora da cidade. Um drinque levou a outro e mais outro; o grupo de colegas foi ficando menor até que restaram apenas ela e um colega.

Os dois decidiram sair do bar, e se beijaram no elevador. Mais alguns andares e alguns passos e eles estavam diante da porta do quarto de Anne. A porta foi aberta e eles se beijaram novamente. Então, eles pararam. Ele se afastou e ela fez o mesmo.

Os dois eram casados e amavam suas metades. Eles se beijaram novamente. Mas pararam, e ele foi embora, fechando a porta atrás de si. Anne foi para a cama sozinha... e acordou com a terrível sensação de ter traído o homem dos seus sonhos.

Dois dias depois ela voltou para casa e não tocou no assunto durante seis anos. Foi um erro. Um único erro com apenas uma testemunha, que também não iria dizer nada.

Os anos se passaram com a memória trancada em um cofre mental e emocional. Ela sabia que, se esse segredo escapasse, seria o fim da sua vida perfeita, em que não cometia erros.

Mas, uma noite, durante as férias, ela contou tudo ao marido. Ele olhou para ela e começou a chorar. Ela esperava qualquer reação dele, menos essa.

Ao longo das semanas seguintes eles conversaram entre si, com amigos e com seu pastor. Seu marido sofria, e com o sofrimento dele Anne se sentia despedaçada. Algo mais se despedaçou: sua máscara de perfeição. Conforme os amigos sabiam do seu erro, ela recebeu algo que não imaginava possível – bondade e perdão.

Ela descobriu que a verdade tinha mesmo o poder de libertá-la. O erro de Anne teve suas consequências, mas ao admiti-lo e procurar o perdão, ela permitiu que sua vida ganhasse uma nova perspectiva; uma em que ela podia ser imperfeita. Anne desejou ter feito isso seis anos antes.

Essa mesma perspectiva está disponível para todos nós, se tivermos coragem para admiti-la. Qualquer tolo pode defender um erro – e a maioria dos tolos o faz – mas admitir seu erro destaca você da multidão e lhe dá uma sensação de contentamento.

No fim de 2010 as pessoas ligadas ao esporte discutiam, como sempre, quem a revista *Sports Illustrated* nomearia "Esportista do Ano". A honra, afinal, foi concedida a Drew Brees, armador dos Saints de Nova Orleans, por liderar os outrora infelizes Saints à sua primeira vitória no Super Bowl. Foi uma escolha justa.

Mas Chris Harry, da AOLnews.com, acreditava que dois outros esportistas deveriam ter dividido o prêmio. "Com relação a espírito esportivo, para mim nada se compara aos acontecimentos da noite de 3 de junho." Harry conta a famosa história da jogada perfeita estragada e conclui:

> Cerca de dezesseis horas depois, os Tigers e os Indians jogaram de novo, mas o encontro que importou mesmo aconteceu antes do jogo. Quando Galarraga foi assinar a súmula, Joyce estava esperando por ele. Os dois trocaram apertos de mãos e abraços, em uma das mais tocantes e inspiradoras demonstrações de espírito esportivo que qualquer esporte já presenciou. Foi um momento valioso, que nos ajudou a aprender uma lição sobre a importância de se recorrer à elegância e à dignidade quando as circunstâncias muito facilmente – ainda mais na era em que vivemos – poderiam ter provocado uma reação bastante diferente.

Ah, o poder que duas palavras têm de mudar tudo: "Sinto muito!".

4

Comece de modo amistoso

"Líderes de sucesso... são sempre iniciadores", escreveu John C. Maxwell, especialista em liderança, em seu livro *As 21 irrefutáveis leis da liderança*. Então ele relembra uma situação em que começar de modo amistoso não era apenas necessário, mas muito recomendável. Ainda jovem, ele fora contratado para assumir a liderança de uma igreja problemática em Lancaster, Ohio, onde, segundo lhe contaram, um homenzarrão ameaçador chamado Jim Butz, líder leigo eleito da congregação, era também sua pessoa mais influente. Ele também foi informado que Jim tinha um comportamento independente, o que às vezes levava a igreja pelo caminho errado.

A primeira coisa que Maxwell fez foi marcar uma reunião com Jim em seu escritório. Aquele poderia ter sido um momento constrangedor ou tenso – um novato de 25 anos convocando o patriarca de 65. Mas Maxwell desfez essa tensão imediatamente. Assim que Jim se sentou, Maxwell começou uma humilde avaliação da situação. Jim era a grande referência da igreja, e Maxwell queria trabalhar com ele, não contra ele. Então, Maxwell sugeriu que eles se encontrassem uma vez por semana para almoçarem, discutirem os problemas e tomar decisões juntos. "Ainda que eu seja o líder", disse Maxwell, "nunca vou levar decisões às pessoas sem primeiro discuti-las com você. Eu realmente quero trabalhar com você... Nós podemos fazer muitas coisas boas pela igreja, mas a decisão é sua."

Quando terminou, Maxwell conta: "Jim não falou palavra. Ele se levantou e caminhou até o pátio, onde parou para beber água da fonte. Eu o segui e esperei. Depois de um longo tempo, ele se endireitou e se virou... eu pude ver as lágrimas rolando pelo rosto dele, que então me deu um grande abraço de urso, e disse 'pode contar comigo, estou do seu lado'".[137]

Amizade chama amizade. Somos mais inclinados a concordar com outra pessoa ou ver as coisas do ponto de vista dela quando temos sentimentos amistosos para com ela. Se, ao contrário, sentimos que a pessoa é indelicada, ou está distante, sem querer mostrar gentileza, tendemos a espelhar esse sentimento. Esse é um obstáculo difícil de superar quando se acaba de conhecer a pessoa ou mesmo se ela já é conhecida há algum tempo.

No que diz respeito ao início das interações, a atitude mais eficaz para estabelecer um clima positivo é composta por gentileza e cortesia, mesmo que o outro seja uma fonte de dor, frustração e raiva. Um cumprimento amistoso dá o recado: "Você vale o meu tempo; você é valioso". Essa mensagem sutil tem uma força tremenda – a maioria das pessoas percebe isso.

Em *The Seven Arts of Change* o autor David Shaner conta uma experiência incrível que lhe ensinou a força imensa de se começar de forma amistosa[138]. Ele tinha sido recrutado por um amigo de longa data para ensinar aikidô na Academia de Artes Marciais de Aspen-Snowmass, que ficava próxima do Condado de Pitkin, local no Colorado que ficou famoso em 1970 quando o jornalista americano Hunter S. Thompson concorreu a xerife na "Chapa Aberração", que defendia a descriminalização das drogas para uso pessoal, trocar o asfalto das ruas por gramados, demolir prédios que obstruíssem a visão das montanhas e a mudança do nome de Aspen para "Cidade dos Gordos", para afugentar investidores. Thompson perdeu a eleição por pouco, naquele ano, mas sua proposta armou o palco para que outro homem, menos controverso, mas também não convencional, se tornasse xerife. Ele era Dick Kienast, cujo cartaz de campanha citava os valores sociais de Sissela Bok: "Confiança é um bem social que deve ser tão protegido quanto o ar que respiramos e a água que bebemos".[139]

Kienast acreditava que civilidade e compaixão deveriam estar presentes em todas as interações dos oficiais da lei, quer envolvessem criminosos violentos ou pessoas que violassem leis do trânsito. "Foi uma importante iniciativa de mudança", escreveu Shaner, "e muitos a acharam tola e desnecessária... apesar disso, ele continuou, confiante." Entre os primeiros alunos de aikidô de Shaner na Academia de Aspen-Snowmass estavam o xerife Kienast e seus assistentes. Bob Braudis foi um dos principais assistentes de Kienast, e mais tarde o sucederia como xerife do Condado de Pitkin. Antes disso, o então assistente Braudis estabeleceria seu legado com uma envolvente demonstração de como começar de modo amistoso.

Braudis tinha uma presença imponente e se encaixava no estereótipo de policial durão, com quem não se deve brincar. Essa presença contrastava com a forma como se relacionava com as pessoas. Ele nunca erguia a voz, mesmo em meio a situações complicadas. Uma situação ilustra isso muito bem.

Enquanto o assistente Braudis era chefe de patrulha, a central anunciou pelo rádio que um homem armado mantinha como reféns todos os clientes de um restaurante chamado Woody Creek Tavern. Braudis foi o primeiro policial a chegar no local, e do lado de fora do restaurante informaram-lhe sobre a situação. A ex-mulher do homem o estava proibindo de visitar a filha, e ele tinha visto a menina no restaurante. Em vez de tentar um cumprimento pacífico, o homem surtou. Ele sacou uma arma e forçou todos a fazerem o que ele mandava.

O assistente Braudis avaliou o perigo e escolheu uma abordagem diferente. Pacificamente, ele se aproximou, desarmado, da janela. Sentindo a benevolência do policial, o homem permitiu-lhe entrar no restaurante. Braudis, então, começou a falar com ele de modo educado, pedindo-lhe que considerasse as consequências das suas ações, que poderiam terminar impedindo-o definitivamente de rever a filha.

"A atitude tranquila de Braudis, sua exposição racional dos problemas realmente importantes, e sua empatia para com a raiva do homem tocaram-no", escreveu Shaner. "E quanto mais o homem falava com Braudis, mais ele percebia que a raiva que sentia era com ele mesmo.

Afinal, ele baixou a arma. Toda sua atitude mudou... Braudis então lhe explicou que se ele saísse do restaurante algemado, os policiais do lado de fora ficariam mais tranquilos, e assim nem ele nem Braudis correriam o risco de levar um tiro. O homem concordou e o conflito foi resolvido pacificamente."

Pense nessa história da próxima vez que for escrever um e-mail para alguém que deixou você frustrado ou nervoso. Você vai começar com um tom educado, cortês, ou vai deixar suas emoções tomarem conta e partir para a briga? Você vai dedicar alguns momentos perguntando sobre a vida ou o trabalho dessa pessoa, ou procurar criar alguma empatia contando algo a seu respeito que seja de interesse comum? Se começar de modo amistoso, é muito mais provável que consiga os resultados positivos que deseja, principalmente se você e essa pessoa estão se estranhando.

"Eu não gosto daquele homem", disse Abraham Lincoln certa vez. "Preciso conhecê-lo melhor."[140]

Se você acredita que o estabelecimento de uma ligação amigável será crítico para conseguir determinado resultado, não conseguirá ir muito longe usando SMS, bate-papo ou outro tipo de comunicação condensada. O espaço limitado e a falta de entonação e linguagem corporal para expressar seus sentimentos tornam muito difícil criar o nível de comunicação necessário para se transmitir benevolência. Se frente a frente não for possível, pelo menos utilize um meio que permita espaço e tempo suficientes para se demonstrar um nível de cordialidade que, no tempo de Carnegie, comandava as relações humanas. São necessários um pouco mais de tempo e criatividade para se emular o efeito de um sorriso caloroso e um aperto de mão firme, mas é possível.

"As mídias sociais exigem que os líderes empresariais se comportem como donos de vendas em cidadezinhas", acrescenta o empreendedor Gary Vaynerchuk, que escreveu *The Thank You Economy.*

> Isso significa pensar a longo prazo e evitar a pressão pelo progresso de curto prazo... Em resumo, líderes empresariais vão precisar reaprender a ética e as habilidades que a geração dos nossos bisavós

> usava normalmente para tocar seus negócios... Somente as empresas que souberem como se comportar de uma forma bem antiquada – fazendo-o com naturalidade – vão ter alguma chance de competir.[141]

Houve um tempo em que as pessoas saíam de casa com suas melhores roupas e cumprimentavam todos por quem passavam a caminho do trabalho. Nesse tempo, uma reunião era uma reunião, e as pessoas preferiam visitar a usar o telefone. Nossas transações hoje alcançam todo o globo, e ainda que as conexões frente a frente sejam cada vez mais incomuns, elas são a chave para se tratar os outros como se eles estivessem diante de você. A respeito de seu império vinícola em expansão, Vaynerchuk explica: "Nós falamos com cada indivíduo como se fôssemos nos reunir, naquela noite, para jantar na casa da mãe dele".[142] Esse é o ponto de vista correto, porque coloca a responsabilidade em seu devido lugar: sobre os ombros do mensageiro.

O erro que muitos cometem, hoje, é colocar a responsabilidade no destinatário da mensagem. Usamos as respostas e reações dos outros como a única medida para determinar se fizemos a aproximação certa ou se causamos a impressão que desejávamos. Essa é uma abordagem perigosa.

Primeiro, se considerarmos que uma grande resposta é a única medida da conexão, nós podemos facilmente nos tornar apenas uma espécie de animador de festa, que só pensa no próximo truque para capturar o interesse das pessoas. O valor das ações de impacto é pequeno no que concerne aos verdadeiros relacionamentos.

Segundo, as respostas podem ser enganosas, principalmente no começo. Um tuíte pode gerar muitos retuítes, mas isso não significa que as pessoas retransmitindo a sua mensagem para outros tornaram-se fãs ou mesmo amigos. Eles podem estar pensando em outras pessoas que possam se beneficiar daquela mensagem ou a quem o produto promovido possa interessar, ou, pior, que possam rir da sua falta de conhecimento, sinceridade ou tato. Uma campanha de marketing on-line pode gerar um pico de tráfico no site, ou uma campanha impressa pode gerar um burburinho jornalístico, mas empresários experientes sabem que isso não significa que relacionamentos estão sendo formados.

Há uma grande diferença entre compromisso e interesse. Interesse pode ser conseguido de muitas formas, muitas das quais não são lá muito geniais. Ele começa e termina em um nível superficial porque as principais emoções trabalhadas são curiosidade, surpresa ou desgosto.

Já o compromisso ocorre em um nível mais profundo, quando se atinge os valores mais íntimos de uma pessoa. Comum a todos os valores íntimos é a noção de ser considerado digno de um relacionamento. Quando você se conecta a alguém de modo amistoso, está passando a mensagem de que o considera digno de um relacionamento, alguém que você gostaria de chamar de amigo. É por essa razão que "quem semeia cortesia colhe amigos".[143]

Se você quer que a sua voz sobressaia-se ao ruído e cale fundo nos outros, fazendo-os vir na sua direção, comece de modo amistoso. A primeira impressão causada assim é muito mais memorável do que qualquer truque barulhento ou provocativo para chamar a atenção que alguém possa inventar.

Anos atrás, quando Carnegie era um garoto descalço que ia andando através do bosque até sua escola rural no nordeste do Missouri, ele leu uma fábula sobre o sol e o vento. Ela é um lembrete vívido do poder desse princípio que serve para se ganhar a confiança dos outros.

O sol e o vento discutiam para ver quem era mais forte, e o vento disse: "Vou provar que sou eu. Está vendo aquele velho de casaco? Aposto que consigo tirar o casaco dele antes de você".

Então, o sol se escondeu atrás de uma nuvem e o vento soprou, cada vez mais forte, até quase virar um tornado. Mas, quanto mais forte ele soprava, mais firme o homem apertava o casaco à sua volta.

Afinal, o vento se acalmou e desistiu. O sol saiu de trás das nuvens e sorriu bondosamente para o velho. Logo o homem enxugou a testa e tirou o casaco. O sol, então, lembrou o vento que a gentileza e a bondade são sempre mais fortes do que a fúria e a força.

Essa é uma lição oportuna para uma era que parece buscar recompensas através de maiores quantidade, velocidade e barulho. Essas recompensas pouco significam a longo prazo, porque o compromisso que permite a longevidade é continuamente confirmado pela confiança e pelo benefício mútuo. Se você não estabelecer a base para ambos desde o primeiro momento através de um sentimento amigável, tanto a confiança quanto o benefício tornam-se mais difíceis de manter com o passar dos dias. Se esperar demais ou fizer muitas tentativas superficiais para chamar a atenção, logo estará tentando convencer o outro a entrar no relacionamento. Essa é uma posição sempre indesejável – a de estar implorando compromisso.

"O compromisso tem que ser sincero", escreveu Vaynerchuk, "ou não vai funcionar... Não se pode subestimar a habilidade das pessoas em identificar táticas frias e burocráticas a milhões de quilômetros de distância. Essa é uma das maiores razões pela qual tantas empresas que tentaram utilizar as mídias sociais falharam tão miseravelmente."

Fazer amigos começa com atitudes amistosas.

5

Procure afinidades

Curtir. Amigo. Seguir. Compartilhar.

Na era digital, a afinidade frequentemente já existe antes de falarmos o primeiro "olá". No tempo de Carnegie, amizade e interesses comuns andavam de mãos dadas. As pessoas se conheciam. As pessoas conversavam. As pessoas encontravam interesses comuns e, a partir deles, o afeto que levava à amizade verdadeira. Hoje as pessoas seguem umas às outras no Twitter, ou pertencem ao mesmo grupo no Facebook ou gostam do seu vídeo no YouTube. Com frequência existem muitos laços de afinidade antes de duas pessoas se conhecerem.

Com as particularidades das coisas que curtimos ou não – incluindo botões digitais e polegares para cima – nós damos e recebemos permissão para concordar e discordar baseados apenas em afinidades. Nós temos pontos de afinidade e pontos de dissonância e, não raro, concedemos influência e gravitamos em torno daquelas pessoas com quem temos mais em comum. Isso pode ser um impulso tremendo na construção de relacionamentos duradouros nos quais existe influência.

Não estamos falando da lei da atração. Você pode pensar que ter muitos amigos é igual a ter muita influência, mas nada vai realmente mudar se não tomar atitudes genuínas e significativas para construir esses relacionamentos. Estamos falando do que o autor John C. Maxwell chama de "lei do magnetismo".

"Líderes eficazes estão sempre procurando gente boa", escreve ele.

> Pense a respeito. Você sabe quem está procurando neste exato momento? Qual perfil você traçou para o empregado perfeito? Que qualidades essa pessoa possui? Você quer que ela seja agressiva e empreendedora? Está procurando por um líder? É importante se a idade dela está na faixa dos vinte, quarenta ou sessenta? [...] Agora, o que vai determinar se a pessoa que você conseguir é a pessoa que você quer, se ela vai possuir as qualidades desejadas? Você pode se surpreender com a resposta. Acredite ou não, a pessoa que você vai conseguir não será determinada pelo que você *quer*. Ela será determinada pela pessoa que você *é*.[144]

Nós atraímos quem é igual a nós – em caráter e interesses. Hoje, contudo, nós começamos com uma vantagem. Podemos pesquisar a afinidade antes de nos aproximarmos de uma pessoa. Curtir serve, na era digital, como uma abertura para a influência.

Quando alguém curte a mesma página do Facebook que você, segue seu blogue ou comenta em seu site, essa pessoa está dizendo "sim" para você. Isso cria condições muito fortes para que você possa influenciá-la.

Quando uma pessoa diz "não" com sinceridade, ela está vivendo uma cadeia de reações fisiológicas que vai colocá-la em posição defensiva, pronta para se retirar. Mas quando essa mesma pessoa diz sim com sinceridade, ela está assumindo uma posição de aceitação, de abertura, ela está fazendo um movimento para a frente. Assim, quanto mais sins você conseguir no início de uma interação, ainda que tenham pouco a ver com a proposta final, tanto mais probabilidade você terá de que essa pessoa esteja com disposição de concordar com você.

Conseguir um sim é muito mais fácil quando se começa com sim.

Temos uma oportunidade óbvia – iniciar diálogos com uma postura positiva. Com as vastas oportunidades disponíveis para nos conectarmos com as pessoas que estão interessadas em quem somos e no que temos a dizer, praticamente não há desculpas para se iniciar um relacionamento, ou uma conversa, que seja, com o pé errado.

Mais do que isso, as organizações têm o poder de fazer seus membros dizerem sim com base na influência da comunidade. A Microsoft percebeu isso quando lançou o Windows 7.

A gigante da informática tinha levado um golpe duro com o lançamento do Windows Vista, um sistema operacional ridicularizado por todos. Mas ela estava pronta para voltar à briga com o Windows 7, e tinha aprendido a lição com as experiências anteriores. Ela tinha que ganhar seus clientes, os usuários, desde o começo. A Microsoft precisava que eles dissessem "sim". Primeiro, ela tinha que encontrar seus fãs, aqueles com potencial de influência na comunidade de usuários de PCs.

Em *Empowered*, os autores Josh Bernoff e Ted Schadler analisam a estratégia da Microsoft para voltar à arena. Para combater os comerciais Mac-contra-PC que mostravam o PC como coisa de nerd, ineficiente ou ultrapassado, a empresa solicitou que usuários produzissem vídeos "Eu sou PC" através de um canal do YouTube. Então, os vídeos foram editados de modo a se criar um início poderoso para uma campanha de marketing baseada no sim. Quando a Microsoft lançou a versão beta do Windows 7 para usuários específicos, ela acompanhou os comentários nos blogues, fóruns de discussão, no Twitter, Facebook, nas comunidades sociais. Na preparação para o lançamento comercial, a empresa criou um canal moderado de informações com esses comentários. Esse canal de informações foi veiculado no site da empresa, em sua página do Facebook e onde mais fosse possível. Ela criou anúncios mostrando usuários e destacando o conceito de que o Windows 7 tinha sido desenvolvido a partir de sugestões de consumidores. O slogan: "Eu sou PC, e o Windows 7 foi ideia minha".

A cereja na cobertura do bolo, no entanto, foi que a empresa conseguiu fazer seus fãs comemorarem o Windows 7, recomendando-o para os outros. Aquilo oferecia uma oportunidade para seus fãs e os fazia se sentir importantes.

> Se você era um fã do Windows 7, podia se inscrever para fazer uma festa na sua casa e mostrar as novidades do sistema operacional para os amigos – a Microsoft enviava os materiais... A notícia sobre a festa se espalhou pelas mídias sociais e, em pouco tempo, havia dezenas de milhares de pessoas, de catorze países, inscritas. A Microsoft estima que as festas atingiram oitocentas mil pessoas, incluindo anfitriões e convidados. [145]

Levando-se em conta como fora a recepção ao Windows Vista, os usuários de PC podiam ter dito "Não!" ao Windows 7 desde o começo, mas a Microsoft conseguiu fazê-los dizer "Sim!".

Quando começamos com o sim, criamos afinidade no nível mais básico. Mas para se transformar afinidade em influência deve existir uma base de empatia. Devemos ter a capacidade de ver, constantemente, a interação sob o ponto de vista do outro, para que saibamos qual o valor real dos nossos pontos de afinidade.

Em vez de usarmos as mídias sociais para nos ajudar a começar com o sim e a partir daí mantermos o compromisso necessário, com frequência esquecemos o que os outros querem e os bombardeamos com vendas. Em vez de fazê-los dizer "Sim! Sim", nós os forçamos a dizer "Pare! Pare!". O guru de mídias sociais Chris Brogan chama a isso de tempestade comercial, contrapondo-a à chuva da comunicação.

> Conversas e relacionamentos são baseados em diversas interações. No marketing e na comunicação tradicionais, as pessoas usam cada interação para pedir algo, para fazer uma chamada à ação. Não é assim que as redes sociais funcionam. [...] Elas lhe permitem alcançar alguém que escolheu começar um relacionamento com você. [...] É uma chuva; cada gota, por si só, não é muita coisa, mas o corpo do trabalho pode mudar tudo.[146]

A sua comunicação tem que oferecer aos outros o que eles querem, se deseja começar e continuar com sim. Só então você terá conquistado um nível de confiança que lhe permitirá oferecer-lhes, com segurança, o que está vendendo, seja produto, serviço ou causa.

É claro que este princípio é igualmente importante e necessário fora do domínio digital. Uma empresa jornalística tinha a política de entregar um jornal novo para os clientes que reclamassem que o exemplar recebido tinha sido danificado pela chuva. Mas, ao longo do tempo, o preço da gasolina em elevação e a diminuição de assinaturas tornaram impossível a manutenção dessa prática. Então, eles enviaram para os clientes uma carta que acreditaram ser bastante amistosa. Ela começava mais ou menos assim:

Estimado cliente,

Não iremos mais entregar exemplares de jornal em substituição a exemplares previamente entregues que tenham sido danificados pelo tempo.

A carta continuava, explicando a mudança na política. Então, no final da carta, escreveram isto:

Se você receber um jornal danificado, por favor informe-nos, pois iremos restituir-lhe o valor do exemplar em sua próxima fatura.

A primeira reação dos clientes, ao ler essa carta, pode ter sido de irritação e inconformismo. Ao final da carta, eles já estariam exasperados demais para se importar que uma alternativa – que talvez fosse melhor – estava sendo oferecida.

E se, ao contrário, a empresa tivesse escrito a carta assim:

Estimado cliente,

Nós sabemos como é irritante quando o jornal que você recebe está estragado pelo mau tempo. (Sim, é mesmo!) Você paga por um produto e um serviço e espera qualidade nas duas coisas. (Sim, eu espero!) Assim, nós passaremos a lhe oferecer uma restituição integral do exemplar que você receber e que estiver ilegível devido ao mau tempo. (Mesmo? Que ótimo!)

Nós também precisamos lhe informar que, assim como prejudica você, o preço em elevação da gasolina também afeta nossa empresa. Consequentemente, não poderemos mais oferecer a entrega de exemplares em substituição. Apenas ligue para nós e receberá a restituição integral. (Ah, tudo bem.)

No mínimo, os clientes enxergariam a atitude da empresa sob um aspecto mais favorável.

Hoje existem dois tipos de acordo. Precisamos ter os dois em mente no que diz respeito às nossas interações. O primeiro tipo de acordo é comum. É o tipo que envolve os dois lados que têm a mesma opinião sobre um determinado assunto. Presume-se, com esse tipo de acordo, que eles estavam envolvidos em um diálogo no qual descobriram a concordância de suas opiniões. Para a maioria de nós, esse tipo de acordo baseado no diálogo é o único que consideramos válido.

Mas existe outro tipo de acordo que era muito menos possível no tempo do Carnegie, mas hoje tornou-se muito importante. Esse segundo tipo de acordo baseia-se em dois lados que gostam (ou curtem) da mesma coisa – ou, podemos dizer, são semelhantes. Não costumamos chamar esse tipo de harmonia de "acordo", mas na era digital é melhor pensar assim, porque somos atraídos para aqueles com quem temos algo em comum.

Estabelecer essa afinidade no começo de uma interação é a nova forma de sim. Quanto mais sins você possuir, mais provável será que você consiga um sim para sua ideia, solução ou transação.

Acesse a afinidade o mais rápido e frequentemente possível.

6

Renuncie ao crédito

Um aluno da Dale Carnegie Training, na Austrália, contou a história a seguir, que serve de lição sobre o que pode acontecer quando ignoramos este princípio.

> Meu sócio e eu dirigíamos uma das maiores redes varejistas de informática em Brisbane. Tínhamos oito lojas, empregávamos mais de 60 funcionários e nossa receita era superior a 10 milhões de dólares por ano. Embora meu sócio tenha me ajudado muito e fosse uma pessoa de fácil convivência, eu achava que todo sucesso vinha de mim. Só havia um jeito de administrar a empresa, e era o meu jeito. Quando aparecia uma possibilidade de discussão, eu garantia que virasse uma discussão de verdade, e tentava ganhá-la a qualquer custo. Eu nunca comecei nossas reuniões de uma forma amistosa e, com frequência, procurava diminuí-lo. Nunca pensei em seus sentimentos e me perguntava por que ele não era mais parecido comigo.
>
> No final, ganhei todas as discussões e fiz as coisas do meu jeito, mas perdi a sociedade e, como consequência, a empresa. Depois que aprendi este princípio, comecei a analisar o passado e compreendi como estava errado. Com frequência eu penso que se soubesse de tudo isso antes, meus negócios seriam muito diferentes hoje. Eu sei que não posso mudar o passado, mas consigo enxergar meus erros e posso tentar não repeti-los.

Esse empresário é, hoje, uma pessoa diferente. "Agora eu pergunto aos meus sócios sobre seus objetivos antes de estabelecer os meus", escreve ele. "Então eu me pergunto: 'O que posso fazer para ajudar esse relacionamento a atingir seus objetivos?'."

Embora seja fácil entender por que queremos crédito por sucessos pelos quais trabalhamos, reclamar seu crédito não lhe trará amigos. Isso irá, inclusive, diminuir sua influência mais rapidamente do que qualquer outra ação.

Qual é a pior qualidade de um líder? Pergunte aos liderados e eles lhe responderão que é o hábito de assumir o crédito no sucesso e distribuir a culpa no fracasso. Poucas atitudes dão o recado "eu sou o que importa" mais claramente. Poucos recados afastam mais as pessoas do que esse.

Quem quer um amigo que acha que só ele importa? Quem quer um líder que não enxerga suas contribuições? As respostas a essas perguntas são fáceis.

Responder as questões opostas também é fácil: quem quer um amigo que não se preocupa com quem leva o crédito? Quem quer um líder que vê claramente o valor da sua contribuição?

"Dar o crédito é um multiplicador mágico", escreve August Turak, bloguer da *Forbes* e que foi um dos primeiros funcionários da MTV.

> Funciona tão bem na vida pessoal quanto na profissional. Mas para fazer essa mágica é necessária uma atitude de gratidão. Sem isso, compartilhar o crédito vira apenas mais um truque manipulador, destinado a sair pela culatra. [...] Nada disso é alta tecnologia. É bom senso. Então, por que é mais comum que se roube crédito em vez de compartilhá-lo? A culpa deve ser do medo.[147]

Medo, neste caso, deve ser da possibilidade de se tornar uma pessoa que não quer dividir os frutos do sucesso.

Turak conta a homilia que ouviu certa vez e ilustra bem esse caso:

> "O mar da Galileia é abundante em peixes e vida", disse o padre. "O Mar Morto está morto e sem vida. Os dois são alimentados pelas

> águas borbulhantes do rio Jordão. Então, qual a diferença? O mar da Galileia distribui toda a sua água. O Mar Morto guarda tudo para si. Como o Mar Morto, quando nós guardamos tudo o que é bom e novo para nós mesmos, transformamos nossa vida em uma sopa salgada de lágrimas."

Abrir mão do crédito de um trabalho ou projeto não pode ser por falsa humildade, que é uma atitude disfarçada de procurar o holofote – isso é um tipo de "síndrome do mártir". O princípio sugerido aqui não nasce de uma necessidade por atenção. Ao contrário, ele vem de uma confiança suprema no fato de que você é uma pessoa melhor quando aqueles à sua volta sabem que eles desempenham um papel importante no sucesso de todos, e também no seu sucesso pessoal.

Assista a qualquer premiação de cinema ou televisão e verá essa dinâmica em ação, principalmente com os ganhadores mais magnânimos. Qual é o primeiro gesto esperado do vencedor de um prêmio? Um discurso de aceitação. E o que são discursos de aceitação se não uma lista de agradecimentos àqueles que foram responsáveis pelo sucesso do vencedor? Alguns irão contestar dizendo que isso é uma mera formalidade, que faz parte do show. Mas as pessoas que recebem esses agradecimentos talvez pensem diferente.

Quando a câmera mostra essas pessoas, todas estão radiantes – algumas até choram lágrimas de alegria, compartilhando o sucesso e retribuindo a gratidão.

Talvez não seja coincidência que Greer Garson, a mulher que fez o discurso de aceitação mais longo da história do Oscar, com cinco minutos e meio, também seja recordista, junto com Bette Davis, em número de indicações consecutivas para o Oscar de Melhor Atriz – cinco. Será que toda aquela gratidão faz parte das razões do seu sucesso?

Costuma-se dizer que para se ter sucesso é preciso se cercar de pessoas bem-sucedidas. Ainda que haja alguma verdade nessa afirmação, poucos percebem que existem duas formas de se entendê-la. Você pode tentar fazer amizade com pessoas que já são bem-sucedidas, ou pode trabalhar pelo sucesso das pessoas que já são suas amigas. Seja qual caminho você escolher, uma coisa é certa: seu sucesso é sempre função do número de pessoas que desejam que você seja bem-sucedido. Mas um dos caminhos resulta em melhores números.

Quando você busca a amizade com aqueles que já são bem-sucedidos, não existe garantia de que eles também vão desejar o sucesso para você, que ainda vai ter que provar não ser um parasita relacional. Por outro lado, quando você trabalha pelo sucesso daqueles que já são amigos, há quase uma certeza de que essas pessoas também vão desejar o seu sucesso.

Conceder o crédito aos outros é um meio de vida que você deve cultivar em seus relacionamentos porque se sente grato a eles pelo que lhe dão. Isso nada mais é do que colocar o sucesso e o que é melhor para os outros em primeiro lugar – e confiar em quem você é e no poder da reciprocidade.

Mark Twain certamente possuía a primeira qualidade; e Henry Irving não poderia acusá-lo de, pelo menos, tentar confiar na reciprocidade. Um divertido caso sobre uma conversa entre os dois escritores demonstra esse princípio.

Henry Irving contava uma história para Mark Twain. "Você nunca ouviu esta, ouviu?", perguntou Irving após a introdução. Twain garantiu-lhe que não. Pouco depois, Irving fez mais uma pausa, e perguntou de novo a mesma questão. Twain deu a mesma resposta. Então, Irving estava quase chegando à conclusão da história quando se interrompeu novamente: "Você tem certeza de que nunca ouviu esta história?".

A terceira vez foi demais para Twain.

"Eu consigo mentir duas vezes por cortesia, mas esse é o meu limite. Não consigo mentir três vezes, seja por qual motivo. Eu não só já ouvi essa história, como fui eu que a inventei."[148]

Twain teria deixado a história passar tranquilamente, sem falar nada sobre o verdadeiro autor. Importava para ele que a história era sua? Não. Ele estava feliz em deixar que Irving contasse a história, pelo bem da conversa. No final, Twain não conseguiu se segurar – mas quem pode culpá-lo? Esse caso divertido ilustra que não importa quem receba o crédito por algo, desde que isso beneficie todas as partes envolvidas.

Inerente ao princípio de conceder o crédito a outra pessoa é uma palavra que já usamos: reciprocidade. Não damos o crédito porque queremos alguma vantagem transacional. Nós o fazemos para nutrir o relacionamento – e ao fazê-lo sabemos que haverá uma recompensa. Reciprocidade é um subproduto do relacionamento em que duas pessoas compartilham alegrias e tristezas. "Alegria compartilhada é dobrada, tristeza compartilhada é dividida", reza o ditado. Em relacionamentos verdadeiros, amigos procuram formas de recompensar amigos. O que aconteceria se esse espírito de relacionamento se espalhasse por uma empresa ou por um nicho do mercado, ou até mesmo por uma cadeia de valor?

Duas coisas são certas: (1) todos os envolvidos apreciaram mais a vida, e (2) o sucesso seria mais provável com a colaboração ocorrendo com naturalidade. Hoje, mais do que nunca, temos condições de espalhar esse espírito de relacionamento.

No longo prazo, ninguém, a não ser o criador, lembra de coisas como de quem foi a ideia, quem falou primeiro ou quem assumiu os riscos. Mas as pessoas se lembram da magnanimidade. É um paradoxo interessante que, quanto mais você concede o crédito por algo que fez, mais memorável se torna, e mais crédito acaba recebendo.

O presidente Ronald Reagan foi citado como tendo dito: "Eu gostaria de ser lembrado pela História como o presidente que fez os americanos voltarem a acreditar em si mesmos". A partir dessa única citação é possível estabelecer uma análise bastante precisa de sua personalidade. Ele atuava para que os outros pudessem ganhar. Seus objetivos políticos eram a elevação e o sucesso daqueles a que ele servia na presidência.

Talvez o que melhor tipifique Reagan seja a citação na placa que ficava sobre sua mesa no Escritório Oval. Ela dizia: "Não há limites para o que um homem pode fazer, ou onde ele pode ir, se não se importar com quem leva o crédito".[149]

Normalmente, é assim com as pessoas influentes. Elas buscam um objetivo mais elevado, algo que transcende quaisquer motivações políticas, burocráticas ou orientadas pelo sucesso que movem os outros. Reagan fazia pouco caso dos comentários sobre seu legado dizendo que não estaria por aqui para ouvir o que estudiosos e historiadores iriam dizer sobre ele. Era isso que tantos admiravam nele, como pessoa e líder. Ele vivia e liderava em constante entrega ao bem maior do país, e o fazia com métodos pouco convencionais. Essa é a marca da pessoa que procura elevar os outros sem se preocupar consigo mesmo. Essa é a cabeça que entende que sucesso não diz respeito a atenção e elogios, mas a parceria e progresso.

7

Envolva com empatia

Já falamos do desastre que acabou com a jogada quase perfeita de Armando Galarraga, destruída por um erro grosseiro do árbitro no que seria a jogada final. Quando se assiste à reprise é possível ver que o rosto de Galarraga vai da exaltação à incredulidade num instante. A comemoração da multidão é interrompida por um silêncio sepulcral. Seguem-se, então, vaias e palavrões.

Galarraga foi, sem motivos, roubado do que é considerado o santo graal dos arremessadores. Isso é mais perturbador quando se considera que esse arremessador não era um superastro de quem se espera feitos extraordinários. Ele era um jogador médio que tinha acumulado o mesmo número de vitórias e derrotas. Essa foi, talvez, sua maior oportunidade de se destacar no esporte, que foi arruinada. Quem o teria culpado se ele tivesse criticado ferozmente o árbitro em nome da justiça? O próprio Joyce, depois do jogo, disse que se ele fosse o arremessador teria ido dizer umas verdades na cara do árbitro. Mas essa história tem, ainda, outro lado – uma terceira dimensão.

Mais memorável do que a perfeição estragada de Galarraga, ou a contrição subsequente de Joyce, foi a resposta do arremessador ao roubo de sua coroa. A forma como lidou com a injustiça envolveu o mundo todo.

Em uma entrevista à ESPN após o jogo, Galarraga admitiu não saber qual seria a decisão do árbitro. Ele estava concentrado em pegar a bola e encerrar a jogada. Ele admitiu se sentir decepcionado, mas acreditou que o rebatedor pudesse estar "salvo". Ele estava nervoso e agitado. O nervosismo da situação fazia com que ele tivesse que confiar na avaliação calma do árbitro.

Após o jogo, contudo, Galarraga assistiu à reprise e viu que tinham lhe tirado a jogada perfeita. Ainda assim, quando falou com o árbitro, conseguiu dizer "eu sei que ninguém é perfeito". Ele percebeu o arrependimento de Joyce e viu que tinha duas opções: ir para cima do árbitro ou procurar ver a situação do ponto de vista do outro. Isso levou Galarraga a oferecer um abraço a Joyce, para que este se sentisse melhor. A compaixão demonstrada não foi só para as câmeras. Galarraga estava sinceramente decepcionado *e* sinceramente empático. Durante toda a entrevista pós-jogo ele respondeu às perguntas consistentemente e reagiu com a maior nobreza. Ele não tentou pintar o árbitro como vilão. Galarraga mostrou humildade e perspectiva, progenitoras da empatia.

Em uma época de autopromoção e busca de vantagens pessoais, raramente gastamos tempo para tentar entender como alguém pode estar se sentindo em determinada situação.

Ninguém no mundo dos esportes culparia Galarraga se ele detonasse o árbitro em rede nacional de televisão. Quem teria dito alguma coisa se o jogador tivesse usado a entrevista como meio de demolir a reputação de Joyce?

Ainda assim, Galarraga não fez nada disso. Em sua fala, ele comentou como o árbitro devia estar se sentindo e reconheceu que ninguém é perfeito. Esse tipo de reação nos encanta porque é muito rara. Mas o que é mais notável e intrigante é que o jovem arremessador conquistou um lugar mais memorável na história do esporte por sua reação à perda da jogada perfeita do que se tivesse conseguido a perfeição.

Aqueles que conseguem encontrar uma forma de envolver os outros de modo tão distinto estão no caminho de exercer influência significativa. Ao lidar com alguém, pergunte-se sempre: "Como eu me sentiria, como reagiria, se estivesse no lugar dele?".

"Cooperação no diálogo", escreveu Gerald S. Nirenberg, "é conseguida quando você demonstra que considera as ideias e os sentimentos do outro tão importantes quanto os seus."

Nós frequentemente ouvimos críticas aos líderes do mundo. É fácil, como diz o ditado, ficar na tribuna e resolver os problemas dos outros. É raro ouvirmos alguém dizer "não consigo imaginar a pressão de se ter todo o peso do país nos ombros. Não consigo imaginar quantas noites você passa em claro pensando se tomou a decisão correta ou se disse a coisa certa na televisão".

Quando procura enxergar através da perspectiva do outro, você se torna empático aos sentimentos e ideias dele. Você conseguirá, então, dizer com sinceridade "não o culpo por se sentir assim. Se estivesse no seu lugar, eu sentiria o mesmo". Essa frase, tão rara em nossos dias, tem o poder de fazer as pessoas parar e prestar atenção ao que você diz. Assim, estarão mais abertas às suas ideias. A maioria das pessoas está apenas procurando alguém que lhes ouça e compreenda suas aflições, não importa se estas são grandes ou pequenas. Se você conseguir fazer isso por alguém, estará lhe dando um presente que iluminará seu dia, ou mesmo sua semana ou seu mês.

Há alguns anos, um homem que frequentou a Dale Carnegie Training contou como o interesse genuíno de uma enfermeira teve impacto profundo em sua vida. Martin Ginsberg cresceu pobre, sem pai, com a mãe dependendo da Previdência Social. No dia de Ação de Graças, ele estava sozinho no hospital preparando-se para uma cirurgia ortopédica. Sua mãe tinha que trabalhar e não podia lhe fazer companhia; a solidão estava acabando com ele. Ele cobriu a cabeça com as cobertas e começou a chorar.

Foi então que uma jovem estudante de enfermagem apareceu e o ouviu soluçando. Ela se sentou na cama, puxou as cobertas e enxugou suas lágrimas. Ela lhe disse que também se sentia muito solitária. Ela tivera que trabalhar todo o dia e não podia estar com sua família. Então, a enfermeira perguntou ao Martin se ele queria jantar com ela.

Ele respondeu que sim.

Ela foi até o refeitório e voltou com duas bandejas de jantar de Ação de Graças. Eles conversaram muito e, embora seu turno se encerrasse às 16 horas, ela ficou até as 23 horas com ele, quando Martin adormeceu.

"Muitas Ações de Graça vieram e passaram desde então", escreve

Ginsberg, "mas não há uma em que eu não me lembre daquela, de como eu estava me sentindo triste, assustado, sozinho e a bondade e o calor humano de uma estranha, de alguma forma, tornaram tudo aquilo suportável."

Hoje em dia não há desculpa para incompreensão ou para não se colocar no lugar dos outros. A maioria de nós transmite os detalhes de nossas vidas, procurando que alguém nos dê importância ou atenção. Ao pesquisar como estão os outros, você evitará tirar conclusões sobre eles. Se uma pessoa é importante para você, cada segundo que gastar tentando compreender seu ponto de vista é um segundo bem gasto.

Não somos criaturas empáticas por natureza. Assim, precisamos desenvolver essa qualidade. Muitos elementos podem influenciar a forma como reagimos a certas situações: criação, religião, situação econômica ou posição profissional. Tudo isso se mistura às nossas emoções para produzir um tipo de envolvimento pessoal com os outros. Mas, quando consideramos as coisas que nos emocionam e permitimos que elas nos ajudem a moldar nossa percepção dos outros, conseguimos estar numa condição em que nossas palavras têm um impacto expressivo.

Todos cresceríamos em estatura e confiança se pudéssemos aprender como estimular o que há de mais comum a todos. Imagine as barreiras pessoais que seriam superadas no trabalho, em casa ou em suas amizades se você conseguisse reagir a erros e discussões de forma benevolente. Que tipo de tratamento você receberia? Como os outros passariam a ver você?

Lembre-se, empatia não é uma tática de networking para se aprender e tirar vantagem; ela é um meio de influência imediata nas relações humanas. Lembre-se de Armando Galarraga abrindo mão de seu direito de censurar o árbitro Jim Joyce e, assim, gravar seu nome no coração dos fãs do esporte. Esse é o poder inegável de uma postura benevolente e compreensiva.

8

Apele a motivos nobres

Todos nós almejamos a transcendência – ser parte de algo maior que nós mesmos, ser importantes para o mundo e seus habitantes, que digam que nós nos destacamos, que assumimos uma posição, fomos além e fizemos o que era certo, honrado e verdadeiro. Garotinhos fantasiam ser um guerreiro forte ou o príncipe heroico de um reino imaginário. Garotinhas almejam ser uma heroína inteligente ou a princesa cativante de uma grande aventura. Esses mesmos desejos, em um nível quase inconsciente, constituem a razão pela qual você está com este livro nas mãos.

Ainda que a melhoria nos relacionamentos e a produtividade profissional sejam os pontos centrais das nossas vidas, elas são fatores importantes porque queremos ser pessoas que façam diferença no mundo. Conseguir se conectar a esse motivo nobre naqueles que você quer influenciar pode, portanto, render grandes frutos. E isso é provavelmente mais simples do que você pensa.

Quando lorde Northcliffe, magnata britânico da imprensa, descobriu que um jornal tinha usado uma fotografia sua da qual não gostava, ele escreveu uma carta ao editor. Ele não disse "por favor, não publique mais aquela foto minha; eu não gosto dela". Ele apelou a um motivo nobre: o respeito e amor que todos temos pela maternidade. Ele pediu que a foto não fosse publicada porque sua mãe não gostava dela.

Quando John D. Rockefeller Jr. quis que os fotógrafos dos jornais parassem de tirar fotos dos seus filhos, ele também apelou a motivos nobres. Ele não disse "não quero que publiquem fotos deles". Ele apelou ao desejo profundo que todos temos de não fazer mal às crianças. Ele disse "vocês sabem como funciona, rapazes. Alguns de vocês também têm filhos. E vocês sabem que não é bom para os jovens ter muita divulgação".

Essa mensagem faz mais do que apelar para um motivo nobre no outro; ela atribui a essa pessoa uma certa nobreza. Nas entrelinhas ela diz "você é capaz de fazer o que é certo e honrado". Trata-se de um cumprimento sutil que diz "eu acredito em você". Essas são palavras poderosas, que fazem as pessoas entrar em ação, como descobriu Sarah, formada na Dale Carnegie Training.

Ela e uma amiga planejavam uma viagem para a Áustria e Alemanha para um grupo de dez pessoas. Elas fizeram contato com uma empresa de ônibus para providenciar um traslado da Áustria para Europa Park em Rust, Alemanha. Elas receberam uma cotação de 965 euros pelo serviço, com o que concordaram, confirmando por e-mail. Uma semana antes da viagem, Sarah recebeu um e-mail de Peter, funcionário da empresa de ônibus, perguntando qual Rust ela pretendia visitar com o grupo. Peter informou a Sarah que, se planejavam visitar Rust na Áustria, o preço seria 965 euros, mas que se fosse Rust na Alemanha a viagem custaria 1.889 euros.

Naturalmente, Sarah ficou irritada com a mudança brusca no preço. Ela sabia que havia pouco tempo para conseguir outro traslado a um preço razoável. Ela se viu diante de um dilema. Deveria ela enviar um e-mail raivoso a Peter, reclamando de como ele tinha mudado a cotação? Ou haveria outra forma de lidar com o problema?

Sarah percebeu que brigar com Peter não a ajudaria muito e ela continuaria com o problema do traslado. Então, ela decidiu uma estratégia diferente. Ela iria apelar para os motivos nobres de Peter e tentaria resolver o problema através de uma interação honesta.

Ela agiu calmamente. Ela respondeu ao e-mail perguntando-lhe se existiam dois Europa Parks diferentes, em duas cidades chamadas Rust. Peter respondeu negativamente.

Sarah respondeu com outro e-mail, no qual incluiu uma cópia da cotação inicial, explicando que tinha especificado, claramente, que o percurso era até Europa Park, Rust, Alemanha, e que, de acordo com a resposta dele, só havia um. Então, ela concluiu: "Peço a gentileza de me explicar o porquê dessa mudança de preço, pois tenho certeza de que vocês, como companhia respeitável que constituem, irão honrar a cotação inicial, pois devem estar preocupados em manter sua credibilidade junto aos clientes".

Sarah recebeu um pedido de desculpas de Peter no dia seguinte, no qual ele explicava que houve alguma confusão da parte deles. Ele, então, confirmou o preço inicial.

Ao apelar para os motivos nobres de Peter e da empresa, Sarah conseguiu resolver o problema sem maiores custos – financeiros ou emocionais.

A maioria de nós não reconhece esses desejos nobres em nós mesmos enquanto somos crianças, mas quando crescemos conseguimos reconhecê-los em nossos filhos, e os sentimos dentro de nós quando assistimos a filmes como *O discurso do rei*, *Gladiador* ou *Adoráveis mulheres*. Em um certo sentido, todos queremos que nosso cotidiano inclua elementos heroicos.

"E se?", escreve o autor e ex-conselheiro de casamento e família John Eldredge. "E se esses desejos profundos em nosso coração estão dizendo a verdade, e nos revelam a vida que nós *deveríamos* viver?".[151] Poucos negariam que existe algo de nobre a que se pode apelar em todo mundo.

Todos nós, sendo idealistas em nosso âmago e preferindo mostrar nosso melhor lado, gostamos de pensar em motivos que soem bem. Se fornecermos uma oportunidade para que os outros façam o mesmo, e se não presumirmos que seus motivos sejam egoístas e traiçoeiros, vamos, assim, permitir-lhes que aumentem sua autoestima quando reagirem a nós. Nós lhes permitimos mostrar que estamos certos a seu respeito.

Os publicitários são excepcionalmente bons na aplicação desse princípio. Veja, por exemplo, as campanhas de produtos ambientalmente sustentáveis, a Campanha pela Real Beleza, da Dove, ou outros produtos que fazem o cliente ou a empresa parecerem ter motivos nobres. Organizações sem fins lucrativos também empregam essa tática e usam as mídias sociais para propagar mensagens desse tipo. Isso funciona porque a maioria das pessoas reagirá favoravelmente às suas propostas se sentirem que você as admira por serem honestas, altruístas e justas.

Certa manhã, durante seu café da manhã, David Batstone, professor de administração da Universidade de San Francisco, descobriu que um de seus restaurantes favoritos usava trabalho escravo. O artigo de jornal que expunha a atrocidade relatava como o restaurante obrigava os empregados – imigrantes ilegais – a trabalhar em condições horríveis através de ameaças de delatá-los às autoridades.

A matéria calou fundo em David, e despertou-lhe uma necessidade de começar a Campanha Não Está à Venda , organização que busca, entre outras coisas, denunciar práticas de trabalho escravo em comunidades e empresas nos EUA.

Basta ouvir David falar de sua campanha para se sentir envolvido e querendo participar. E é exatamente isso que ele quer que aconteça. Ele sabe que o problema sensibiliza todo mundo. Pensar que existe trabalho escravo em nossos dias é aterrador, o que nos deixa indignados e prontos para querer ajudar.

Em 2010, David e sua equipe lançaram uma nova iniciativa chamada Free2Work.[152] Trata-se de um aplicativo para smartphone. O consumidor escaneia um produto e o aplicativo confere uma nota de desempenho para a empresa que o fabrica. Por exemplo, se você quiser comprar uma camisa da Patagônia, pode escanear o produto e o Free2Work vai lhe apresentar uma pontuação que indica qual o status desse fabricante no que diz respeito a emprego, manufatura e práticas comerciais.

O aplicativo confere um novo nível de responsabilidade às empresas de manufatura e aos consumidores. Não poderemos mais afirmar não saber que estamos sustentando empresas que empregam trabalho escravo ou que não sejam transparentes em seus métodos internacionais de produção.

Em um nível mais profundo, o aplicativo fala diretamente aos motivos nobres das empresas envolvidas. Quando responsabilizadas por suas práticas comerciais e trabalhistas, e solicitadas a atingir padrões mais altos e humanos, as empresas tendem a concordar. Elas entendem que, cada vez mais, os consumidores estão preocupados sobre como os produtos são feitos e como as empresas tratam as pessoas que empregam.

A campanha Free2Work mira nos motivos nobres de clientes e empresas para instigar mudanças culturais positivas. Como você pode começar a atingir os desejos nobres dos seus colaboradores e representantes de modo que isso contribua para a mudança das práticas de um segmento que talvez precise de novos padrões?

Essa é uma pergunta importante para se responder hoje. A chave para o crescimento e um impacto positivo dentro e fora do seu mercado é o que a especialista digital Amy Martin chama de "o negócio da humanidade". Sua reação ao tsunami de 2011 no Japão exemplifica o poder de se apelar aos motivos nobres na era digital.[153] Ela também serve como lembrete singelo das consequências de não se incorporar este princípio.

Enquanto malhava em uma máquina elíptica, tarde da noite, Martin passava os olhos pelas atualizações do Twitter em seu iPad. O terremoto e o tsunami subsequente atingiram o Japão e, de repente, o Twitter foi inundado com notícias a respeito. Ela mudou o canal da televisão para a CNN e assistiu a imagens ao vivo de veículos sendo levados e pessoas freneticamente tentando correr do vagalhão esmagador que se aproximava. "Eu não sabia o que devia fazer", blogou ela, "mas me senti obrigada a ajudar de alguma forma."

Ela começou a pesquisar os tuítes e links mais importantes e redistribuí-los ao seu grande número de seguidores. Ela aproveitou para lhes pedir que lhe enviassem quaisquer informações relevantes que tivessem, para que pudesse transmitir para os outros. Ela ficou nisso durante quatro horas, e nada do que recebeu tinha algo a ver com marketing ou promoção de produtos. Eram "pessoas se unindo através de um meio virtual para ajudar umas às outras", escreveu ela. "Era o negócio da humanidade."

Porém, durante seus esforços humanitários ela testemunhou um contraste alarmante – grandes redes de tevê pareciam afetadas por uma preocupação fora de hora com audiência. Enquanto ela estava no meio de seus esforços digitais, alguns conhecidos canais de notícias alternavam entre as imagens dramáticas da catástrofe e as últimas proezas das celebridades.

"Eu fiquei pasma", escreveu ela. "Na minha opinião, se essas organizações de notícias têm a mínima preocupação com a forma como o público percebe suas marcas, elas deveriam ter mais discernimento e mostrar que se importam mais com a vida humana do que com as fofocas de Hollywood. [...] Às vezes, é necessário colocar [Hollywood] na geladeira e prestar atenção na coisa certa a fazer."

Martin esclarece algo que é fácil de esquecer em meio à necessidade de aparecer. Os muito canais de mídia social de que dispomos são, em primeira instância, ferramentas de comunicação desenvolvidas para seres humanos interagir. "Elas não foram inventadas", observa ela, "para os marqueteiros."

Muitos dos seguidores de Martin ecoaram esse sentimento nos comentários do seu blogue. Eles gostaram de seu apelo aos motivos nobres não apenas das grandes organizações de notícias, mas também de todos aqueles que tinham capacidade para ajudar as pessoas que sofriam devido ao tsunami. Martin não estava vendendo nada naquela noite, e não é de admirar que 1,3 milhão de pessoas a sigam no Twitter e algumas das mais proeminentes empresas, celebridades e equipes esportivas profissionais busquem sua orientação digital. Ela sabe que fazer negócios na era digital está vinculado a se fazer, também, o negócio da humanidade.

Frequentemente, nós nos contentamos em conectar os outros ao nosso mundo digital, enxergando-os como mercadorias, até estarmos prontos para envolvê-los em algum tipo de transação. Tal atitude afasta a nobreza inerente à humanidade das partes, e torna nossos relacionamentos meras ferramentas transacionais em vez de transcendentais.

Para se conectar verdadeiramente às pessoas, é necessário louvar sua dignidade inerente. Fazendo isso você está louvando a sua própria. Apele a motivos nobres e conseguirá mover as massas – e você junto com elas.

9

Compartilhe sua jornada

Vender geladeira para esquimó? Água salgada para golfinhos? Convencer os clientes a usar roupa de algodão? Este último não parece ser difícil, hoje. Examine as etiquetas de cada peça de roupa que você possui e é provável que muitas, se não a maioria, sejam de algodão. Mas na década de 1970 não era assim. O poliéster e seus parentes sintéticos estavam bombando. Eles não amassam, resistem a manchas e têm bom caimento – como resultado, a participação do algodão no mercado minguou para 33%.[154]

A indústria do algodão decidiu resistir. Ela precisava tornar esse tecido atraente de novo. Então, ela fez o que qualquer indústria faria: começou uma associação comercial, contratou agências de publicidade e reposicionou sua marca.

O slogan escolhido para salvar a indústria? "Algodão: o tecido das nossas vidas."

Celebridades foram contratadas para vender o slogan. Barbara Walters vestiu uma camisa havaiana, olhou para a câmera e disse: "Algodão... está tornando minha vida mais confortável".[155]

Quando a indústria do algodão estava em perigo, seus membros tomaram a decisão estratégica de que a melhor forma de fazer as pessoas comprar seu tecido era tecendo histórias pessoais em meio ao algodão. O algodão não era uma fibra branca, macia e fofa transformada em fios, que se tornavam tecido para se fazer roupas; algodão deu sentido à vida, amarrando-se a uma linda história. Hoje o algodão domina dois terços do mercado.[156]

As pessoas não querem ser tratadas como mercadorias. Mas, mais do que isso, elas não querem que suas vidas sejam comuns. As pessoas querem saber que são importantes, e a melhor forma de lhes mostrar isso é tornando-as parte de algo maior. Pessoas e empresas que compreendem esse princípio são imbatíveis.

Em 2011, a Apple encabeçou, pelo quarto ano seguido, a pesquisa da revista *Fortune* como a empresa mais admirada do mundo.[157] Parte do segredo da empresa pode ser encontrado em um dos anúncios de tevê mais famosos da história.

Em 1984, durante a final do campeonato de futebol americano, a Apple mostrou seu computador Macintosh pela primeira vez. O objetivo do anúncio era diferenciar o Mac, radicalmente novo e direcionado à criação, da conformidade das massas (que, para a Apple, era a IBM).

No anúncio, uma jovem atlética entra correndo, com uma marreta nas mãos, em um salão cheio de pessoas esquisitas, todas parecidas entre si e vestindo roupas iguais. Ela arremessa a marreta em uma tela enorme, onde aparece uma figura do tipo Grande Irmão de Orwell. É a alvorada de um novo dia. Chega de tratar as pessoas como números com braços e pernas. Vendas um a um é a onda do futuro.

A prova desse conceito não está apenas no sucesso da Apple, mas também em alguns sapatos simples.

Blake Mycoskie começou a Sapatos TOMS depois que sua vida foi perturbada por uma história. Ele viajava por um país em desenvolvimento quando reparou em um problema singelo: as crianças que não tinham calçados. Não ter um calçado indicava muitas outras carências naquelas vidas. Então, Blake decidiu começar uma empresa que, para cada par de calçados vendidos, doaria um par para crianças necessitadas.

No primeiro ano ele teve o prazer de doar dez mil pares. Hoje, o número está acima de um milhão. Mas não é esse o fim da história. Certa tarde, Mycoskie estava na área de espera de um aeroporto quando reparou em uma garota usando um par de sapatos vermelhos produzidos por sua empresa. Sem revelar sua identidade, ele lhe perguntou sobre os calçados. A garota contou-lhe toda a história por trás da TOMS, com uma riqueza de detalhes que competia com a descrição que ele próprio fazia da empresa. Aquele momento fez com que ele refletisse: "Na verdade, o que está dentro da caixa não é, nem de perto, tão importante quanto o que representa. TOMS não é mais uma empresa de sapatos; é uma empresa um por um".

"Além de atrair o interesse de veículos de comunicação tradicionais como *Vogue, Time* e *People*, a TOMS atraiu alguns parceiros de prestígio", explica a blogueira Valeria Maltoni. "Ralph Lauren, que não fazia parceria com ninguém há quarenta anos, juntou-se à TOMS na marca de rúgbi. A agência de publicidade da companhia telefônica AT&T criou um comercial para contar a 'história autêntica' de como Blake usava a rede da AT&T para manter contato e trabalhar quando estivesse fora do escritório."

Maltoni conclui suas reflexões sobre o sucesso da TOMS com uma menção à força desse princípio: "As pessoas lembram. E quando a mensagem é uma missão, elas irão contar a história para qualquer um que esteja disposto a ouvir – até mesmo um estranho no aeroporto. E ao fazerem isso, elas se tornam seus maiores defensores ao promover seu produto. [...] A lição: influência é dada".[158]

Embora as grandes histórias possam ser convidativas, as histórias pequenas, pessoais, podem intimidar. Uma coisa é revelar uma causa ou cura. Outra inteiramente diferente é se mostrar.

Em abril de 2003 o escritor David Kuo dirigia seu carro de casa para uma festa, com sua mulher ao lado. Ele acordou no pronto-socorro, onde lhe disseram que ele tinha um tumor cerebral que provavelmente iria matá-lo em questão de meses.

Às três da manhã de um Domingo de Ramos, David e sua mulher Kim enfrentavam uma decisão: quanto daquela história eles queriam que as pessoas soubessem? Eles tinham vontade de contá-la?

A tendência dos dois era se fechar. Mas eles fizeram um esforço e Kim começou a telefonar para os amigos, contando-lhes a história e pedindo-lhes que a passassem adiante, para que todos os conhecidos pudessem rezar. Após poucas horas tinham criado uma página para eles no CaringBridge.

com, um site sem fins lucrativos no qual pessoas com doenças sérias podem publicar atualizações, necessidades e o que mais quiserem.

Nas semanas e meses que se seguiram, o casal decidiu que quanto mais informações compartilhassem, mais pessoas estariam ajudando – afinal, eles sabiam que não eram os únicos lutando contra o câncer. Essa decisão mudou o rumo de suas vidas. Eles viram que sua história era parte de algo muito maior do que apenas os dois. Aquilo acabou permitindo-lhes se envolver com pessoas que enfrentavam desafios muito semelhantes.

Um conselho para todo mundo? Compartilhe sua história.

Foi algo que Ann M. Baker de Seattle, Washington, aprendeu em um curso da Dale Carnegie Training:

> Muita gente valoriza sua privacidade, assim como eu. Mas, quando me deparei com câncer de mama, químio e radioterapia, não quis compartilhar o sofrimento e a dor.
>
> Mas quando a notícia sobre o meu câncer se espalhou entre família, amigos e colegas de trabalho, fiquei emocionada com os e-mails de encorajamento. Até mesmo parentes que eu nunca conhecera me enviaram suas histórias de câncer de mama, junto com números de telefone e cartões desejando minhas melhoras.
>
> Essa incrível torrente de coragem e amor deu início a uma jornada de recuperação que mudou minha vida... E graças ao e-mail, eu sei que ninguém quer ou deseja passar pela provação do câncer sozinho. Porque a vida não é só minha. É nossa.

Não há nada de errado se alguma coisa "sobre nós" também é "boa para mim". Uma blogueira com mais de um milhão de seguidores anunciou que iria fazer cirurgia Lasik para corrigir a visão. Ela não apenas faria a cirurgia, mas também iria transmiti-la ao vivo através do seu blogue para todos aqueles que estivessem interessados na cirurgia. A transparência tornou-se seu ativo. Não só a vista dela melhorou, como ela teve a visão de usar o mundo digital para compartilhar jornadas pessoais com os outros. Ela cita, como bons exemplos, a transmissão ao vivo pela internet do casamento de uma amiga e o uso que um cliente faz dessa tecnologia para assistir aos jogos de futebol do filho quando está viajando a negócios.

"Além de esportes, entretenimento e marketing, para que mais o vídeo ao vivo pode ser usado?", pergunta ela. "Ele será adotado como um novo canal de comunicação funcionalmente benéfico? [...] E quanto a casamentos, formaturas, reuniões de condomínio, cerimônias religiosas, aniversários, orientação, conteúdo educativo, aulas de culinária, nascimentos ou até mesmo funerais? As oportunidades são infinitas."[159]

As pessoas arrastam-se pela maioria de seus dias sem que nada de muito interessante aconteça. Mas nossa era digital apresenta tantas oportunidades de dar às pessoas uma visão autêntica de quem você é ou do que sua empresa quer ser, criando assim pontos de afinidade que levam você para um relacionamento mais próximo com os outros. É mais atraente fazer um vídeo do que apresentar alguns desenhos. É fácil criar um site dinâmico para uma nova empresa ou organização. É melhor usar videoconferência para fazer uma apresentação atraente para todos os envolvidos em vez de simplesmente telefonar e contar a ideia. E as pessoas começam a esperar essas coisas.

Para realmente fazer sua ideia se destacar, procure uma abordagem original. Vá além das fronteiras do seu computador e faça algo que as pessoas não veem todos os dias. Use todas as ferramentas de que dispõe mais a sua imaginação para tornar suas ideias intensas, interessantes e dramáticas. Conte suas histórias e os outros vão querer contar as deles. Juntos vocês irão criar uma história nova e maior.

Mais e mais em comum – e mais eficaz em produzir relacionamentos influentes – é a interseção autêntica das vidas pessoal e profissional. Ainda que essa interseção precise de bom senso no estabelecimento de certos limites, muitos dos limites comerciais históricos foram hoje flexibilizados ou totalmente removidos porque as pessoas começam a perceber que o sucesso de curto e longo prazo de todas as interações – transacionais ou não – apoiam-se na solidez do relacionamento. Quanto mais um colega, amigo ou cliente compartilhar da sua jornada, tanto mais vocês realizarão juntos.

Quando a sua jornada é a nossa jornada, nós dois queremos ver aonde ela vai chegar.

10

Lance um desafio

Quando se discute sobre os melhores jogadores da história da NBA[160], geralmente surgem dois nomes: Larry e Magic.

Larry Bird e Earvin "Magic" Johnson foram, individualmente, dois dos jogadores mais envolventes a agraciar as quadras de basquete; eles possuíam uma percepção quase sobrenatural dos outros jogadores e seus posicionamentos em quadra. Demonstravam garra fora do comum. Orgulhavam-se de defender tão bem quanto atacavam, e treinavam mais que qualquer um de seus colegas de time.

E eles foram sinônimos de basquete durante uma década. Magic derrotou Larry no campeonato da NCAA[161] de 1979, e o derrotou novamente em 1984 na NBA. Larry venceu Magic em 1985 e perdeu de novo em 1987.

Durante a maior parte de suas carreiras, eles não gostaram muito um do outro, mas o respeito mútuo era imenso. Então, em 1991, Magic Johnson foi inesperadamente forçado a se aposentar do basquete profissional porque contraíra o HIV. No dia seguinte a essa notícia, Bird preparava-se para um jogo da temporada. Ele alongou as costas, correu pelos corredores do ginásio para se soltar, praticou arremessos como costumava fazer... e, pela primeira vez na vida, não tinha vontade de jogar. Seu adversário, que a essa altura tornara-se seu amigo, estava afastado do esporte. Magic desempenhara um papel fundamental para que Larry Bird se tornasse um grande jogador.

Alguns meses depois, na cerimônia de sua aposentadoria, Magic disse: "Quero agradecer pessoalmente a Larry Bird por fazer aflorar o que há de melhor no Magic Johnson, porque sem você eu nunca teria chegado ao topo".[162]

Algumas pessoas parecem pensar que o mundo da competição é sujo. Não é. A competição é uma das realidades mais imperiosas do mundo natural. Enquanto a conexão é necessária para que possamos crescer, a competição é necessária para que não paremos de nos esforçar para melhorar.

"Assim como o ferro afia o ferro", escreveu o rei Salomão, terceiro monarca de Israel, "um homem afia o outro."[163]

O som do ferro afiando ferro é tão sutil quanto o som de unhas na lousa. Mas o rei Salomão sabia que a única forma de extrair o melhor de si mesmo e dos outros é desafiando e confrontando. Embora uma vida de infindáveis amabilidades interpessoais pareça confortável e tranquila, uma vida de relacionamentos complacentes é infrutífera.

Um desafio não precisa envolver sangue, suor e lágrimas. A Coca-Cola lançou um desafio aos consumidores através de uma campanha nas redes sociais – eles desafiaram as pessoas a não sorrir.

A Coca-Cola colocou uma máquina de venda especial no *campus* de uma faculdade. Essa máquina não dispensava apenas refrigerante. Ela surpreendia os alunos com garrafas grátis de Coca, buquês de flores, pizzas e sanduíches gigantes.[164]

Câmeras de vídeo registraram tudo, e os resultados foram transmitidos pelo YouTube. A pura alegria e a surpresa dos estudantes ao receber os presentes – alguns davam *high fives*, outros se abraçavam, mas todos sorriam e gargalhavam – colocaram sorrisos nos quatro milhões de rostos que acessaram esses vídeos on-line. O desafio aos internautas era não sorrir, e ele conseguiu milhões de fracassos contentes, como a Coca-Cola esperava.

Uma das coisas que motivou os primeiros e caóticos tempos da internet foi a competição entusiasmada entre Microsoft e AOL. Esquecida nesta era de Apple e Google, a batalha AOL/Microsoft fez com que serviços revolucionários se tornassem mais rapidamente disponíveis aos consumidores. Cada empresa imaginava o dia em que seus clientes fariam a maioria de suas transações on-line, buscassem a maioria das informações on-line e vivessem grande parte de suas vidas on-line.

As empresas se odiavam, e suas culturas eram imensamente diferentes – uma era empresa de marketing orientado ao consumidor que usava tecnologia, enquanto a outra era uma empresa de tecnologia que usava marketing ao consumidor.[165] A AOL testemunhou contra a Microsoft no processo antitruste movido contra essa gigante do software. Ainda assim, a concorrência tornou as duas empresas maiores e mais bem-sucedidas do que seriam uma sem a outra.

Sim, todo mundo enfrenta desafios em suas vidas, e as pessoas normalmente dizem que não importa o desafio, o que importa é a sua reação.

Verdade.

Algumas pessoas se machucam, ficam doentes ou magoadas e desistem. Elas se colocam no caminho do túmulo.

Outros se elevam a grandes alturas. Como Teddy Roosevelt, por exemplo. Um menino doente, o pequeno Teddy sofria de asma – uma doença potencialmente fatal. Frequentemente, ele lutava para respirar, e a asma enfraqueceu seu coração. Então, quando tinha 12 anos, seu pai lançou-lhe um desafio: "Theodore, você tem cabeça, mas não tem corpo, e sem a ajuda do corpo a cabeça não chega aonde poderia. Você precisa formar seu corpo. É um trabalho duro, formar o corpo, mas eu sei que você consegue".[166]

Como resposta, o garoto meio que sorriu e meio que rosnou – o primeiro exemplo registrado do olhar que se tornaria conhecido em todo o mundo. Ele então ergueu o queixo e respondeu, através dos dentes cerrados: "Eu vou formar meu corpo".

Ao longo do ano seguinte, sua vida consistiu de exercícios extenuantes. Conforme sua força crescia, o mesmo acontecia com sua coragem e ousadia. Ele mergulhou em rios gelados e escalou sete montanhas, e uma delas duas vezes no mesmo dia. Ao fazer essas coisas, começou sua obsessão com a natureza. Tudo, de musgo a pássaros, o fascinava, e ele reuniu milhares de espécimes no "Museu Roosevelt de História Natural".

Sem o desafio lançado pelo pai, o que teria acontecido com aquele garoto doente? O desafio o mudou para sempre.

Também é verdade, contudo, que tão importante quanto o desafio é a reação a ele. Desafios que inspiram e impulsionam são muito diferentes dos desafios que desencorajam e deprimem.

Em 2010, Shaun King, pastor da Igreja Corajosa, de Atlanta, queria angariar dinheiro para um lar permanente para órfãos haitianos deficientes. Mas o que ele podia fazer? Esse foi o primeiro desafio. Na era digital, a criatividade nessas questões está muito desenvolvida. Ele queria que sua mensagem conseguisse a maior audiência possível. Ele teve a ideia de um leilão beneficente com celebridades – com uma diferença. As pessoas não fariam lances por fotografias, autógrafos ou encontros. Elas pagariam para que uma celebridade as seguisse no Twitter e retransmitisse suas publicações. Ele propôs esse desafio para a atriz Eva Longoria, da série *Desperate Housewives*. Ela concordou e então desafiou outras celebridades a fazer o mesmo. Elas aceitaram e nasceu o TwitChange.[167]

Em 2010, mais de 175 celebridades, com um total de 90 milhões de seguidores, tiveram 30 milhões de acessos e angariaram mais de 500 mil dólares. Essa é a força de um desafio significativo em uma era em que nosso alcance vai longe e a influência se multiplica.

Existem meias verdades perniciosas que algumas pessoas gostam de citar. "Acomode-se e não se incomode" é uma das mais perturbadoras. Isso não é jeito de viver a vida, criar uma família ou administrar uma empresa. As pessoas não querem se nivelar por baixo; elas querem se nivelar pelo alto. Elas querem um ponto de vista mais elevado e, às vezes, algo que lhes lance um desafio.

Charles Swab disse certa vez: "A forma de conseguir que as coisas sejam feitas é estimulando a competição". Quando competimos nos esforçamos para vencer porque isso gera uma sensação de sucesso e importância. Quando a vitória é coletiva – por uma causa, um país, uma cura ou uma empresa – vencer é ainda mais arrebatador, porque a competição nos leva a conectar com uma área de afinidade. A competição em equipe é tão importante pela camaradagem que cria quanto pelo resultado final.

Procure, em sua esfera de influência, por uma área de afinidade que possa gerar uma competição com significado maior do que, simplesmente, chegar ao final; algo que signifique amizade duradoura ou influência corporativa em mudanças positivas. Se é uma pessoa que você quer ajudar a mudar, lance um desafio que envolva vocês dois. Ninguém disse que desafios eram empreitadas assépticas. Ponha as mãos na graxa pelos outros, que eles farão o mesmo por você.

PARTE 4

Como conduzir a mudança sem resistência nem ressentimento

1

Comece de modo positivo

Em seu livro clássico *Leadership Is an Art,* o autor Max DePree afirmou: "A primeira responsabilidade de um líder é definir a realidade. A última é dizer obrigado. Entre as duas, o líder é um servidor".[168] Isso parece sugerir que primeiro é preciso tirar as luvas de pelica e explicar a dura realidade, como se tirar logo o que é ruim da frente fosse benéfico ao líder. Mas não é esse o caso, principalmente nesta era em que as más notícias viajam à velocidade da luz.

Ainda que o relacionamento – seja entre uma empresa e seus clientes ou entre dois indivíduos – possa estar tenso ou até mesmo próximo do rompimento, não parece que começar uma conversa de modo negativo possa ajudar. Uma peça de teatro cujo primeiro ato apresenta uma tragédia define o clima tenebroso e opressivo para todo o espetáculo. Os ombros caem, os rostos ficam sombrios e os ânimos começam a afundar. Imagine esse efeito espalhando-se como um vírus pelas fileiras de uma organização, ou através da cadeia de valor de uma empresa ou, ainda, por todo um país. Você terá que trabalhar contra uma onda de reações psicológicas e fisiológicas negativas desde o início, e, mesmo que consiga superá-las rapidamente, não há razão para você gastar o pouco tempo de que dispõe tentando desfazer algo que poderia ter evitado.

O melhor é começar a interação demonstrando uma admiração honesta e genuína pela outra parte, que ficará mais aberta às suas ideias e menos defensiva ou resistente.

Muitos de nós já enfrentaram posturas defensivas e resistentes ao lidar com o serviço de atendimento ao consumidor de várias empresas. Mas Sanjiv Ekbote, que lera recentemente *Como Fazer Amigos e Influenciar Pessoas*, sabia como lidar com uma situação difícil.[169]

Ele tinha recentemente comprado uma casa com seguro residencial. Certa noite, uma torneira do banheiro começou a vazar. Então, ele telefonou para a companhia de seguro que, em cerca de quatro horas, enviou um jovem encanador para fazer o conserto. Primeiro ele substituiu a válvula, mas a água começou a vazar em maior quantidade. Depois o encanador tapou o cano, mas a pressão da água estourou um cano e começou a vazar água dentro da parede.

Sanjiv ficou preocupado e imediatamente ligou para a companhia de seguro com a intenção de lhes pedir um encanador mais experiente. Ele poderia ter reclamado e brigado com a atendente, mas optou por fazer uma pausa. Com calma, ele forneceu suas informações e então lhes agradeceu por ter enviado um técnico com tanta rapidez. Ele explicou o que tinha acontecido e a mulher procurou um encanador mais experiente, que agendou para o primeiro horário possível e ainda abonou a taxa de serviço.

Será que se Sanjiv tivesse reagido de outra forma ele teria sido atendido da mesma forma?

Essa parece uma técnica simples, mas é muito difícil de pôr em prática. Vamos refletir sobre o conselho que DePree dá para líderes e procurar compreender. No cerne da nossa má interpretação do que ele afirmou está a conotação da palavra "realidade" em nosso discurso diário. Por que é que nós temos que "encarar a realidade", receber "uma dose de realidade" (que é engolida como um remédio amargo) e trazer alguém "de volta à realidade", tirando-o de uma terra dos sonhos idílica que não combina com a nossa "dura realidade"? É com essa mentalidade que costumamos nos preparar para interações cruciais.

A realidade é mesmo um remédio amargo ou, ao menos, excessivamente pragmática? Talvez não, mas nós estamos condicionados a encará-la dessa maneira, especialmente quando algo está nos incomodando. Nossa herança de caçadores-coletores ainda nos faz prestar uma atenção especial aos acontecimentos mais dramáticos à nossa volta, principalmente os mais negativos. Nossa sobrevivência depende dessa habilidade – ou já dependeu. Os neurocientistas, em vários estudos, já demonstraram que "nós nos importamos mais com a ameaça de coisas ruins do que com a perspectiva de coisas boas. Os sensores negativos do nosso cérebro são muito mais sensíveis do que os positivos", escreveu Ray Williams, *coach* em liderança.[170] Nós até mesmo nos lembramos melhor de eventos negativos – ou, pelo menos, nossas memórias são mais afetadas por eles.

Infelizmente, pesquisas mostram que esse efeito não está limitado a eventos, mas estende-se às impressões que temos de outras pessoas. Nós damos mais importância a traços ou comportamentos que julgamos negativos do que aos positivos, principalmente se forem de natureza moral ou ética.[171]

Nas ocasiões em que temos mais esperança de encorajar a mudança nos outros somos frequentemente frustrados por sua conduta. Nossos cérebros ficam preocupados com o comportamento negativo, que dá forma à nossa percepção da realidade. Ele bloqueia o positivo. Assim, não é surpresa que em nossas comunicações não consigamos evitar de abordar os problemas – ou, do ponto de vista dos nossos interlocutores, não conseguimos evitar de criticá-los.

O cérebro dos nossos interlocutores é como o nosso. O que dizemos de crítico ou negativo torna-se seu ponto de obsessão. Isso bloqueia qualquer possibilidade de se descobrir as oportunidades positivas naquela interação. Você já deve ter visto acontecer: os rostos ficam tensos, as expressões introspectivas e apenas os olhos revelam o protesto interno que está barrando tudo o mais que você ainda pode ter a dizer.

Se não fizermos o possível para evitar esse drama, estaremos prejudicando nosso projeto de liderança. Em um estudo clássico sobre como reforços positivo e negativo afetam o desempenho, J. Sidney Shrauger e Saul Rosenberg descobriram, simplesmente, que nosso desempenho sofre quando recebemos a informação que fracassamos de alguma forma.[172] Agora, se tivermos bastante autoconfiança e autoestima, o efeito é menos severo. Contudo, uma reação secundária à crítica é questionarmos sua validade – na verdade, nós a rejeitamos, de modo que ela tem pouco efeito em nosso comportamento, a não ser por piorar nossa atitude.

Por que aceitar o risco? Por que não mitigar, logo no início, esses efeitos no desempenho e na atitude?

Em um artigo sobre liderança para professores, Trent Lorcher explicou de que forma, enquanto treinador de basquete, lidou com uma derrota decepcionante do seu time. "Perdemos um jogo importante em função de uma série de lances livres perdidos. Minha reação natural seria gritar com a equipe. Em vez disso, elogiei-os por serem agressivos e conseguirem chegar à linha de arremesso consistentemente. Então, praticamos lances livres durante uma hora. Meus jogadores, que já estavam chateados com a derrota, reagiram bem ao elogio."[173]

Em seu livro *Bom chefe, mau chefe,* Robert Sutton, um psicólogo organizacional, conta a história que lhe foi enviada por um ex-oficial do exército dos EUA. A maioria de seus oficiais superiores eram idiotas – grosseiros, pejorativos e mal-intencionados. Mas o comandante do seu batalhão era diferente.

> Eu pisei na bola algumas vezes, e em todas elas o comandante me chamou imediatamente e me deu conselhos sobre o meu comportamento. Ele não gritou comigo nem me diminuiu, mas eu o entendia e ficava constrangido por desapontá-lo. Sou uma pessoa melhor por causa dele, e gosto de pensar que peguei seus hábitos e que posso imitar sua forma de agir tratando as pessoas como elas devem ser tratadas.[174]

Nós podemos superar nossos instintos básicos reconhecendo essas tendências inerentes e trabalhando para nos concentrar no que é positivo. Não se trata, apenas, de pensamento positivo, mas de reprogramar nosso cérebro para reconhecer que nossas percepções não estão, necessariamente, de acordo com a verdade. Precisamos parar e analisar nossas suposições naturais sobre uma situação, e então questionar essas suposições até termos uma compreensão maior da situação. Nós podemos treinar nosso sistema neurônio-espelho – as células descobertas em décadas recentes, que nos permitem compreender as ações dos outros, interpretar suas intenções e prever o que vão fazer em seguida – para incluir comportamentos positivos e o que eles revelam sobre as pessoas que lideramos.

Isso é essencial se desejamos ser autênticos ao manifestar nossa admiração. Precisamos encontrar um ponto que seja verdadeiramente positivo para começar, e precisamos demonstrar uma admiração que encontre ressonância no interlocutor. Os melhores chefes, de acordo com Robert Sutton, dedicam tempo para descobrir como pensa e age cada membro da sua equipe. Não é fácil. Líderes, apesar de seus maiores esforços, ficam naturalmente distantes das situações mais reveladoras das características pessoais de seus liderados. Mas fazer esse esforço vale a pena em termos de influência e eficácia enquanto líder.

Quando reconhecemos o valor que uma pessoa tem para a nossa organização, estabelecemos um tom positivo para a comunicação franca.

É claro que uma hora teremos que lidar com a situação que se oferece. Talvez pior do que tentar tirar a má notícia logo da frente seja querer suavizá-la ou simplesmente ignorá-la totalmente. Esse "Efeito Mãe" – um termo cunhado pelos psicólogos Sidney Rosen e Abraham Tesser no início da década de 1970 – acontece porque as pessoas querem evitar se tornar alvo das emoções negativas dos outros.[175] Todos nós temos a oportunidade de promover mudanças, mas isso requer de nós coragem para dar más notícias aos nossos superiores. E não queremos ser o mensageiro que é pego no fogo cruzado. Quando nossos instintos de sobrevivência afloram, podem superar a coragem, até que a verdade de uma situação fique irreconhecível de tão diluída. "O Efeito Mãe e a filtragem que produz podem ter efeitos devastadores em uma hierarquia", escreveu Sutton. "Aquilo que começa como má notícia vai ficando cada vez mais ameno conforme sobe pela empresa – porque depois que cada chefe ouve a notícia do seu subordinado, ele a faz soar um pouco menos ruim antes de passá-la para seu superior."[176]

Liderar positivamente e resistir à tentação de fazer drama são ferramentas que podem ajudar a reforçar nossa determinação. E líderes que adotam esse comportamento estão menos propensos a ser surpreendidos por catástrofes sobre as quais deveriam saber.

Na Sonda, Andrés Navarro encontrou uma forma de institucionalizar essa postura adotando a regra do três para uma. "Nós procuramos criticar o mínimo possível. Fizemos uma regra para isso. Se você entra nesta empresa e encontra alguém de quem não gosta, e você acha que essa pessoa não faz seu trabalho direito, não diga nada. Escreva a crítica em um pedaço de papel. Você precisa, então, descobrir pelo menos três coisas boas sobre essa pessoa antes de poder abrir uma discussão com o objetivo de mudar o comportamento dela."[177]

Como, então, entrar em interações nas quais tópicos indesejados precisam ser discutidos? Nós sabemos, intuitivamente, que é sempre mais fácil ouvir coisas desagradáveis depois de ouvirmos algum elogio às nossas qualidades. Se o elogio é artificial ou se a transição do elogio à crítica é muito abrupta, este princípio irá falhar. Para evitar isso, reflita sobre o que se segue.

Primeiro, o elogio que você está fazendo deve ser genuíno e sincero, e não apenas uma ferramenta para ganhar tempo enquanto compõe suas críticas.

Segundo, você deve produzir um fluxo suave de um ponto a outro.

Terceiro, ofereça conselhos construtivos em vez de críticas após o elogio.

Esse modo de se comunicar pode ser especialmente difícil na forma escrita. Sem o fluxo natural de uma conversa, que apresenta oportunidades para se passar de um tópico a outro, pode parecer ao outro que você está só "dourando a pílula". Se o assunto for especialmente polêmico, é melhor fazer o possível para conseguir uma conversa frente a frente.

Muita gente começa a crítica com um elogio sincero seguido pela palavra "mas", que indica que a crítica vai começar. Isso pode fazer o interlocutor questionar a sinceridade do elogio. Use "e" no lugar de "mas", e dê conselhos construtivos em vez de criticar. Essa é provavelmente a forma mais eficaz de abordar um assunto polêmico por escrito sem parecer falso em seus elogios.

Começando com elogios e admiração ajudará seus funcionários a ser mais produtivos, vendedores mais comprometidos e amigos e família mais inclinados a admitir o seu ponto de vista. Um começo positivo sempre coloca as interações em um caminho positivo.

2

Reconheça suas falhas

Beth era uma executiva de alto nível em uma das 100 maiores empresas dos EUA, de acordo com a revista *Fortune*. Embora muito querida por seus chefes e sua equipe, ela estava em guerra com Harvey, um colega que chefiava outra divisão. Vale tudo no amor e na guerra, certo? Bem, essa era a filosofia que Beth seguia, e ela mostrava seu lado vingativo em suas interações com Harvey.

Mas Beth queria ser uma líder melhor, então ela pediu orientação a Marshall Goldsmith, coach de executivos e autor do livro *What Got You Here Won't Get You There*[178]. Ela aprendeu que, embora fosse respeitada por muitos, seu comportamento com Harvey estava afetando sua reputação. Ela precisava negociar um acordo de paz com Harvey, e para fazê-lo teria que admitir seus erros.

Essa pode ser uma das situações mais difíceis para se adotar tal procedimento – admitir suas falhas para a pessoa que foi prejudicada por essas falhas. A tensão era grande dos dois lados, havia a questão da competição e, além disso, existe a sensação de que não é seguro se mostrar vulnerável. Ainda assim, existem problemas que são resolvidos com mais eficácia quando se começa falando, primeiro, de seus próprios erros.

Então, o que disse Beth?

"Sabe, Harvey, eu ouvi comentários sobre o meu comportamento e a primeira coisa que eu quero falar é que muitos deles estão certos. A segunda é que eu quero melhorar em alguns aspectos. Eu tenho desrespeitado você, a empresa e as tradições dela. Por isso, por favor, aceite minhas desculpas. Nada justifica esse comportamento."[179]

A resposta de Harvey? Com lágrimas nos olhos, ele admitiu que também tinha sido desrespeitoso e declarou que, juntos, os dois iriam melhorar.

Uma guerra longa e amarga acabou quando ela simplesmente admitiu seus erros.

Não é tão difícil se abrir em uma conversa que pode incluir a discussão dos seus erros se a outra parte começa reconhecendo, com humildade, que ela também não é impecável. Admitir seus próprios erros – ainda que não os tenha corrigido – pode ajudar a convencer alguém a mudar seu comportamento.

Dale Carnegie, um comunicador sempre eficiente, aplicou essa mesma lição quando escrevia sobre ela. Ele começou contando uma história de como tinha falhado enquanto mentor e coach para que os leitores se tornassem receptivos à ideia. É uma estratégia ao mesmo tempo magistral e sutil – e pode ser usada de muitas formas.

A dificuldade que os líderes têm em implementar essa estratégia está em um elemento crítico: você precisa admitir que cometeu erros, que é falível. Líderes em todo o mundo lutam contra essa noção, embora a maioria compreenda seu valor. E mesmo que não compreendessem, há pesquisas que a apoiam.

Pesquisadores do Instituto para Saúde e Potencial Humano conduziram um estudo com 35 mil pessoas sobre os fatores de progresso na carreira profissional. Qual item surgiu como o mais ligado ao progresso na carreira? Admitir abertamente seus erros.[180]

Admitir o erro é como o primeiro passo de um programa de doze passos: é o mais difícil e também o mais importante. Até aceitarmos a responsabilidade, como podemos aprender com nossos erros, usá-los para seguir adiante e encorajar os outros a confiar em nós? "Para sair da trilha dos erros, uma pessoa precisa dizer as três palavras mais difíceis de pronunciar: 'eu estava errada'. Essa pessoa tem que abrir os olhos, admitir seus erros e aceitar a responsabilidade total por suas atitudes e ações erradas."[181]

Portia Nelson descreve poeticamente esse processo em sua "Autobiografia em Cinco Capítulos Curtos". O que começa como um buraco de desespero progride apenas para um distanciamento do problema até que sejamos capazes de aceitar a responsabilidade pelos nossos erros. Quando conseguimos ver a ligação entre onde estamos e o que fazemos, começamos, então, a ver mais que apenas soluções rápidas para nossos problemas; nós começamos a evitar os buracos em nosso caminho. Finalmente, nós aprendemos que é mais simples trilhar um caminho menos problemático. Ou seja, em vez de sermos eficientes solucionadores de problemas, começamos a nos comportar mais eficientemente.[182]

Além dos ganhos pessoais advindos de se admitir os próprios erros, é valiosíssima a confiança que essa atitude estabelece com colegas, clientes, amigos, familiares e membros da comunidade. Marshall Goldsmith escreveu que "ninguém espera que estejamos certos o tempo todo. Mas quando estamos errados, os outros esperam que nós admitamos isso. Nesse sentido, estar errado é uma oportunidade de mostrar que tipo de líder e pessoa nós somos... A forma como você admite seus erros causa uma impressão maior do que o modo como comemora seus sucessos".[183]

Quando falamos dos nossos erros, isso nos torna humanos. Fica mais fácil para os outros se identificarem conosco. Eles sentem que compreendemos seu ponto de vista. Com isso em mente, estão mais abertos à nossa influência.

O fantástico deste princípio é que todos cometemos erros, e assim temos um grande suprimento de histórias para usar quando precisamos desarmar alguém. Lembre-se de, na sequência, oferecer conselhos construtivos, não fazer críticas diretas.

Como Dale Carnegie usou este princípio com sua sobrinha Josephine, que se tornara sua assistente? Comparando a falta de experiência da moça com seus próprios erros quando tinha a idade dela.

"Você cometeu um erro, Josephine", dizia ele, "mas Deus sabe que não é pior do que muitos que eu já cometi. O bom senso vem com a experiência, e você é melhor do que eu era com a sua idade. Já fiz tantas bobagens que não tenho coragem de criticar você ou qualquer pessoa. Mas você não acha que teria sido melhor fazer assim..."

Ao admitir seus próprios erros, você desvia a atenção da pessoa dela mesma; você suaviza a abordagem e evita que ela erga suas defesas.

Quando você reconhece seus erros, a confiança surge naturalmente.

3

Aponte os erros com discrição

Durante os primeiros dias de sua presidência, Calvin Coolidge e sua família ainda não tinham saído de sua suíte no terceiro andar do Willard Hotel em Washington. O presidente acordou de madrugada e viu um ladrão vasculhando suas roupas, pegando sua carteira e um relógio com corrente. Coolidge falou: "Eu gostaria que você não levasse isso... não me importo com a carteira e a corrente, mas sim com a medalha. Leia o que está gravado atrás".

O ladrão leu: "Presenteado a Calvin Coolidge, Deputado Estadual, pela Assembleia Legislativa de Massachusetts".

Coolidge então se identificou como presidente, persuadiu o ladrão a desistir da medalha e iniciou uma conversa calma. Ele descobriu que o jovem e seu colega de quarto da faculdade não tinham dinheiro para pagar a conta do hotel e comprar passagens de trem para voltar à faculdade. Então, tirou 32 dólares da carteira (que o jovem aturdido também tinha devolvido), disse que era um empréstimo e aconselhou o estudante a sair da mesma forma que tinha entrado, para evitar os agentes do Serviço Secreto.[184]

Chamar atenção indiretamente para os erros de alguém funciona maravilhosamente com pessoas que podem se ressentir de críticas diretas – ou seja, quase todo mundo.

Líderes de todos os tipos têm uma ferramenta fantástica para comunicar aos seus liderados que tipo de comportamento estão tentando encorajar. Eles simplesmente têm que adotar esse mesmo comportamento. Se não o fizerem, a mensagem que estarão passando será muito clara: "Eu digo que gostaria que você se comportasse dessa forma, mas isso não é importante, na verdade, porque se fosse, eu mesmo agiria assim".

Esse conceito é a décima terceira lei da liderança de John Maxwell em seu clássico *As 21 irrefutáveis leis da liderança*. Ele a chama "A Lei da Imagem" porque as pessoas fazem aquilo que veem. Ele conta a história do líder de pelotão Dick Winters, da Companhia Easy, durante a Segunda Guerra Mundial. Winters acreditava que era responsabilidade do oficial ir na frente, dar o exemplo, liderar o ataque e correr riscos junto com seus homens.

> Um dos fatos mais memoráveis que demonstram como Winters liderava através do exemplo ocorreu logo depois do Dia D, na estrada para Carentan, uma cidade que a Companhia Easy precisava tomar dos alemães. Os paraquedistas americanos sob seu comando aproximavam-se da cidade quando foram bloqueados pelo fogo de uma metralhadora alemã. Encolhidos em valas dos dois lados da estrada, eles não avançaram quando lhes foi ordenado. Mas, se não se movessem, acabariam sendo despedaçados. Winters tentou motivá-los. Ele os ameaçou. Depois os chutou. Ele correu de uma vala a outra enquanto as balas da metralhadora voavam. Afinal, Winters pulou no meio da estrada, com os tiros acertando o chão perto dele, e gritou para os homens se mexerem. Todos se levantaram e avançaram. E ajudaram a tomar a cidade.[185]

À vezes não é possível influenciar os outros adotando-se o comportamento desejado, seja porque você não está com as pessoas que quer influenciar ou porque não participa daquilo que estão fazendo. Como fazer, então? Os autores de *As leis da influência* oferecem alguns conselhos para essas situações:[186]

- Identifique, no grupo, na equipe, família ou comunidade quem tem maior influência sobre os outros e faça com que adote o comportamento que você quer promover.
- Desenvolva uma atitude comunitária em relação a esse comportamento apelando para o bem de todos. A pressão dos colegas é eficaz em influenciar pensamentos e ações dos indivíduos.
- Disponibilize recursos e faça mudanças no ambiente de modo que a adoção do novo comportamento ou da nova mentalidade seja mais fácil.

No fim da Segunda Guerra Mundial, soldados voltavam das frentes de combate para o mercado de trabalho. Nesse processo deslocavam as mulheres que tinham assumido muitas posições na sua ausência. Muitas delas optaram por continuar trabalhando, o que criou animosidade entre os sexos no local de trabalho, mas também mudou a visão que se tinha do papel que elas poderiam desempenhar na economia americana.

Restaurantes em todo o país enfrentavam uma batalha particular. Os soldados que voltavam recebiam o cargo de cozinheiro. As mulheres que ocupavam essas posições eram reposicionadas como garçonetes, função com salário menor. O resultado: um relacionamento antagônico entre cozinheiros e garçonetes em um ambiente em que a cooperação é essencial. Todos sofreram, inclusive os clientes, que recebiam pedidos errados ou atrasados. Os empregados se demitiam e os restaurantes perdiam clientes.

Então, a Associação Nacional dos Restaurantes solicitou ajuda a William Foote Whyte, professor da Universidade de Chicago, para resolver o problema. Ele observou a atividade de alguns restaurantes, e viu como cozinheiros e garçonetes se insultavam, ignoravam uns aos outros e se comportavam de modo vingativo (às custas dos consumidores).

"Muitos consultores tentariam alterar esse clima social hostil ensinando competências interpessoais, conduzindo dinâmicas de grupo ou mudando o sistema de pagamento. Whyte adotou uma abordagem diferente", explicam os autores. "Na sua visão, a melhor forma de resolver o problema era mudar a forma como os empregados se comunicavam."

Trabalhando com um restaurante-piloto, Whyte recomendou que as garçonetes colocassem os pedidos em uma roda de metal simples na cozinha. Os cozinheiros preparariam os pratos da forma que fosse mais eficiente, mas garantiriam que os pedidos colocados em primeiro lugar tivessem prioridade.

Os resultados foram imediatos: diminuíram os conflitos e as queixas dos clientes, ao mesmo tempo em que aumentou o respeito na comunicação e no comportamento dos dois lados.

Às vezes, a melhor forma de corrigir um comportamento não é punir o comportamento errado, mas usar a situação como base para estabelecer autoconfiança e uma ligação mais profunda. Bob Hoover, um famoso piloto de testes que também se apresenta em exposições aeronáuticas, estava voando de volta para casa, em Los Angeles, depois de uma apresentação em San Diego. A cem metros de altura seus dois motores pararam. Com uma manobra hábil, ele conseguiu pousar o avião e salvar a própria vida e a de dois passageiros. Mas o avião ficou bastante danificado.

Após o pouso de emergência, a primeira coisa que Hoover fez foi inspecionar o combustível. Como ele suspeitava, o avião a hélice da Segunda Guerra Mundial fora abastecido com combustível para aeronaves a jato, em vez de gasolina. Ao voltar ao aeroporto de partida, ele pediu para ver o mecânico que tinha cuidado do seu avião. O jovem estava mal devido ao seu erro. Lágrimas escorriam por seu rosto conforme Hoover se aproximava. Ele tinha causado a perda de um avião muito caro e quase provocou a morte de três pessoas.

Pode-se imaginar a raiva de Hoover e a descompostura que aquele piloto preciso e impetuoso passaria no mecânico por seu desleixo. Mas Hoover não o atacou; ele nem mesmo criticou a negligência grosseira do mecânico. Em vez disso, ele passou o braço pelo ombro do homem e disse: "Para mostrar que eu tenho certeza de que você nunca mais vai fazer isso, eu quero que você cuide do meu F-51 amanhã".

Na vida, às vezes os erros são um subproduto de circunstâncias extenuantes. Nem sempre erramos no trabalho por incompetência. Podemos falhar porque nossos corações e mentes não estão concentrados, devido a problemas em casa ou sabe-se lá onde. O líder compreende que erros e falhas aparecem de todos os cantos da vida e, portanto, devem ser tratados como casos isolados e recuperáveis, em vez de fracassos definitivos.

Em uma era em que os líderes emergentes são céticos com relação às táticas espúrias de liderança, o melhor é enfrentar os erros com honestidade e não usá-los como oportunidades para censura. Para muitas pessoas, interações passivas-agressivas ou manipulativas com seus líderes diminuem o respeito que têm por eles e as tornam cínicas quanto ao seu papel no trabalho em andamento ou organização em que trabalham. O melhor para você é tirar as pessoas de seu abatimento o mais rápido possível. Faça isso apontando seus erros com discrição e devolvendo-lhes confiança e força.

4

Faça perguntas em vez de dar ordens

Nas forças armadas, as ordens fazem parte do dia a dia. Quando você recebe uma ordem, é esperado que a cumpra à risca. Mas, quando o capitão D. Michael Abrashoff assumiu o comando do *USS Benfold*, um destróier com mísseis teleguiados, sabia que estava para encarar um desafio que necessitaria de uma postura diferente.

O *Benfold* não era um navio exemplar dentro da Marinha, nem de longe. Sua tripulação era intratável, o moral era baixo e a maioria dos marinheiros estava apenas matando tempo enquanto esperava a hora da baixa. Para somar complexidade a um problema de liderança já bastante difícil, os tripulantes não gostavam do comandante anterior, e enxergavam o novo líder com desconfiança.

Mas esse era o primeiro comando do capitão Abrashoff, e ele estava determinado a se sair bem. Seu primeiro passo: aprender sobre sua tripulação. "Não demorei muito a perceber que meus jovens tripulantes eram inteligentes, talentosos e cheios de boas ideias que frequentemente não chegavam a lugar nenhum porque ninguém nunca os escutava", escreveu o capitão Abrashoff em *Este barco também é seu*, suas crônicas de liderança sobre o tempo em que comandou o *Benfold*.[187]

Então, o capitão Abrashoff prometera ouvir sua tripulação, mas não apenas quando eles decidissem falar. Ele sabia que se quisesse mudar a disposição dos tripulantes, as ideias de como fazê-lo tinham que vir deles. E existe forma melhor de descobrir as ideias das pessoas do que entrevistando-as? O capitão Abrashoff entrevistou cinco tripulantes por dia até conseguir falar com todos os 310. E o que ele aprendeu?

Que eles gastavam muito tempo em tarefas monótonas, como pintar o navio seis vezes por ano. Então, Abrashoff descobriu como substituir todos os fixadores do navio que causavam escorridos de ferrugem, e descobriu também como passar muitos dos painéis exteriores por um processo especial de pintura. O navio não precisou ser pintado novamente por quase dois anos, o que liberou tempo para tarefas mais valiosas, como treinamento avançado. Ele aprendeu que muitos dos marinheiros tinham se alistado na Marinha como forma de pagar a faculdade. Então, ele arrumou um modo para aplicar o SAT[188] a bordo e tornou cursos avançados à distância disponíveis para a tripulação. Ele soube que muitos deles vinham de ambientes hostis, onde enfrentavam uma vida dura, mas eram muito ligados às famílias. Então, Abrashoff procurou tornar as famílias parte da vida dos marinheiros o máximo possível. Assim, ele enviava cartões de aniversário, cartas de elogio e outros bilhetes importantes para parentes e esposas. "Eu queria unir nossos objetivos", escreveu o capitão Abrashoff, "para que eles vissem que meu objetivo de melhorar o *Benfold* era uma oportunidade para eles usarem seus talentos e definirem um propósito real às suas funções".

Qual foi o resultado de fazer perguntas à tripulação? Uma grande mudança no moral, maior disposição para estender os limites do possível e alguns dos melhores desempenhos em testes que a Marinha já viu.

Se o capitão Abrashoff, ao subir a bordo, tivesse soltado uma diretiva dizendo que a tripulação tinha que melhorar o desempenho, e então determinasse como isso deveria acontecer, qual teria sido o resultado? Nunca iremos saber, mas é improvável que o *Benfold* tivesse se tornado o navio – ou catalisador de liderança – que se tornou.

Fazer perguntas não apenas torna a ordem mais palatável e reduz o ressentimento, mas também costuma estimular criatividade e inovação na resolução dos problemas à mão. As pessoas ficam mais dispostas a trilhar um novo caminho quando sentem que ajudaram a traçá-lo.

Os líderes familiares da organização Marriott eram conhecidos pela intensa devoção com que inspecionavam os hotéis Marriott, para garantir sua boa administração. Bill Marriott Jr., em especial, "estava sempre com o pé na estrada, fazendo perguntas e prestando muita atenção nas respostas", escreveu Ed Fuller, líder da Marriott International Lodging.[189]

> De fato, às vezes ele era criticado por ouvir muita gente – e dar a mesma atenção ao pessoal de atendimento e executivos seniores... Sua pergunta favorita durante suas visitas aos hotéis era "o que você acha?" Esse era seu modo de combater a tendência de os empregados fugirem da resolução de problemas ou não passar más notícias para o chefe.

Bill Marriott Jr. era um líder iluminado que compreendia a força negativa do "Efeito Mãe" e sabia como engajar os empregados para que cada Marriott atendesse às suas expectativas.

Embora nós entendamos que fazer perguntas aumenta o comprometimento daqueles que esperamos influenciar, muitos líderes não escolhem esse caminho. Por quê? Porque, às vezes, fazer perguntas parece apenas uma forma de fazer as pessoas dizerem aquilo que já está na sua cabeça. Por que, então, simplesmente não lhes dizer? Seria mais fácil.

Porque as pessoas não gostam de receber ordens.

Alguns líderes também relutam em perguntar porque podem não gostar da resposta. E se a outra pessoa não vai na direção que você gostaria? Mas os líderes deveriam pensar nisso como uma oportunidade, não um risco. A resposta que você vai obter pode ser melhor – provavelmente será melhor – do que aquilo que você já sabe.

Quando Ian Macdonald, de Joanesburgo, África do Sul, gerente geral de uma pequena fábrica especializada em peças para máquinas de precisão, teve a oportunidade de aceitar uma encomenda muito grande, ele estava convencido de que não conseguiria entregá-la na data pedida. O trabalho que já estava em andamento e o curto prazo solicitado para aquele pedido enorme faziam parecer que era impossível aceitar a encomenda.

Em vez de apertar seu pessoal para acelerar o trabalho e correr com o pedido, ele reuniu todo mundo, explicou a situação e disse para os empregados o que significaria para a empresa e para eles se conseguissem produzir o pedido no prazo. Então, ele começou a fazer perguntas: "O que nós podemos fazer para dar conta dessa encomenda? Alguém sabe formas diferentes de coordenar a produção para que possamos aceitar o pedido? Existe alguma maneira de modificar horários ou atribuições do pessoal que possa nos ajudar?".

Os empregados apresentaram muitas ideias e insistiram para que ele aceitasse a encomenda. Esta foi aceita, produzida e entregue no prazo.

Embora não devessem, muitos líderes odeiam ter que fazer análises de desempenhos. Eles sabem que alguns de seus empregados precisam melhorar e antecipam a batalha que se desenrolará enquanto fazem as críticas e os empregados ficam cada vez mais defensivos e retraídos. Esses líderes precisam assumir uma postura diferente.

A maioria dos empregados sabe seus pontos fortes e fracos. Ainda que alguns sejam obtusos, a maioria, se você perguntar, vai lhe dizer exatamente o que você está pensando. Muitos psicólogos organizacionais recomendam instituir uma fase de autoanálise no processo de avaliação. Estudos mostram que as autoanálises levam a avaliações mais satisfatórias para chefes e empregados, e têm maior efeito positivo no desempenho.[190] Comece dando ao empregado algumas perguntas para refletir antes da avaliação: "Em que você acha que é excepcionalmente bom? Quais são seus objetivos para o próximo ano? Quais habilidades e qualidades você acha que deveria melhorar para ajudá-lo a atingir seus objetivos?".

Imagine começar a reunião com respostas para todas essas perguntas, e não é você quem tem que dar essas respostas. Pelo menos em 80% das vezes, os empregados apresentarão as mesmas conclusões a que você já chegou e a conversa será muito mais positiva.

Fazer perguntas é um recurso fantástico porque pode ser realizado em praticamente qualquer meio. Que tal enviar um sms ou um tuíte para sua equipe perguntando como lidar com um cliente obstinado. Isso ajudaria os funcionários que são fracos nessa área a reconsiderar seus métodos ou reconhecer que não têm um? É possível fazer perguntas poderosas com 140 caracteres ou menos.

Perguntas permitem-lhe criar uma conversa – em qualquer meio – que deixe todos os envolvidos em uma posição melhor. Perguntas também fazem com que todos se sintam responsáveis pelo resultado final.

Você mesmo não acharia melhor receber uma pergunta em vez de uma ordem?

5

Releve as falhas

No verão de 1941, o sargento James Allen Ward recebeu a Cruz Vitória por subir na asa do seu bombardeiro Wellington, a quatro mil metros de altitude sobre o Zuider Zee, para apagar o fogo no motor de estibordo. Preso apenas por uma corda amarrada à cintura, ele conseguiu extinguir o fogo e retornar pela asa à segurança da cabine do avião. O primeiro-ministro inglês Winston Churchill, admirador e ele mesmo realizador de atos heroicos, convocou o tímido neozelandês ao seu gabinete. Ward ficou mudo de admiração e respeito na presença de Churchill, e não conseguiu responder a nenhuma das perguntas do primeiro-ministro. "Você deve se sentir muito humilde e constrangido na minha presença", disse Churchill.

"Sim, senhor", conseguiu dizer Ward.

"Então você consegue imaginar como eu me sinto humilde e constrangido na sua presença", disse Churchill.[191]

Com poucas palavras, Churchill transformou Ward de um bobo acanhado no herói que ele realmente era. Ele relevou uma falha e ajudou Ward a manter sua condição de herói.

Poucos de nós param para pensar em como ajudar os outros a salvar a própria pele. Nós passamos sem pensar por cima dos sentimentos dos outros, fazendo o que achamos certo, apontando erros, proferindo ameaças, criticando uma criança ou um empregado na frente dos outros. Nós poderíamos oferecer algumas palavras atenciosas, levar os sentimentos da pessoa em consideração, puxá-la de lado – qualquer coisa para aliviar o constrangimento. Mas muitos de nós não se dão ao trabalho.

Para os líderes, o que esse comportamento insensível instila nos seus comandados? Medo de errar. Se nós sabemos que vamos receber uma descompostura pelas nossas falhas, talvez até em público, vamos assumir algum risco no trabalho? Tentar ser inovadores ou criativos? Vamos oferecer ideias e opiniões? Provavelmente não.

O fracasso é um componente cotidiano das nossas vidas – em casa, no trabalho, em todas as nossas empreitadas. É algo tão normal que a venerável *Harvard Business Review* dedicou toda sua edição de abril de 2011 ao assunto. O que dizia a capa? "A edição do fracasso: como compreendê-lo, aprender com ele e recuperar-se." Nenhuma menção a como evitá-lo.

Então, se intuitivamente sabemos que o fracasso é inevitável, por que não podemos ser mais empáticos quando alguém está passando por isso?

Uma executiva de uma grande empresa de mídia era a responsável pelo lançamento de uma revista nova. Ela gastou um ano de trabalho e outros recursos tentando colocar de pé a publicação, mas esta nunca deu seus primeiros passos. A revista teve que ser cancelada.

O CEO da empresa poderia tê-la demitido ou rebaixado pelo fracasso. Ou então, poderia tê-la usado como exemplo do que *não* se deve fazer. Em vez disso, ele providenciou um ambiente de segurança psicológica, resguardando-lhe a dignidade. "O CEO levantou-se em um encontro dos principais executivos da empresa e parabenizou a executiva que falhara por demonstrar coragem e habilidade, por fazer a coisa errada da forma certa. Ele enfatizou que a decisão malfadada não era só dela; a alta gerência também a apoiou, e a revista acabou fracassando apesar de ótimos conteúdo e marketing", escreveu Robert Sutton em *Bom chefe, mau chefe.*[192]

Esse CEO sintetizou em suas ações uma técnica que Sutton chama de "perdoar e lembrar", um método crítico para aprender com os erros e mudar o comportamento. A técnica foi descrita pela primeira vez por Charles L. Bosk em seu livro *Forgive and Remember: Managing Medical Failure*[193].[194] O objetivo é ajudar os indivíduos a assumir a responsabilidade ao mesmo tempo em que administram o problema existencial do fracasso, que é uma batalha interna desmoralizante para qualquer um. Não é essa a verdadeira responsabilidade de qualquer líder? Porque se a batalha for perdida, o indivíduo aprenderá pouco com o erro, perderá em autoestima, ficará amedrontado e contribuirá menos para o sucesso da empresa, da família ou de qualquer organização.

Apesar de todos os esforços do líder, seus liderados irão falhar. Ele também falhará. O reconhecimento disso e dos benefícios inerentes que o fracasso traz pode nos ajudar a aprender como auxiliar os outros a atravessar esse momento de modo positivo e seguro. Grandes líderes fazem fluir a força criativa e inovadora de suas equipes ajudando-as a manter a dignidade antes mesmo de fracassarem.

Fiona Lee, Amy Edmundson e Stefan Thomke conduziram um estudo com 688 empregados em uma grande operadora de saúde durante a implantação de um novo sistema de computador que integrava e apresentava dados de todos os departamentos e divisões dentro da organização. Os empregados receberam pouco treinamento e foi-lhes dito que aprendessem a usar o sistema na prática.[195]

O que eles descobriram? Nos departamentos em que os gerentes disseram a suas equipes que não havia problema se eles cometessem erros, e que não criaram sistemas de recompensa que penalizava quem cometesse erros, a experimentação com o sistema foi muito maior. Nos departamentos em que os gerentes não foram claros a esse respeito, ou puniram os erros, mesmo que sutilmente, a experimentação foi muito menor. De fato, os empregados de nível mais baixo, nesses departamentos, nem usaram o sistema devido ao maior medo do fracasso. Como era de se esperar, os empregados que fizeram mais experiências com o sistema, novo e mais eficiente, ficaram mais preparados e começaram a usá-lo constantemente no trabalho.

O que os gerentes compreensivos estavam desenvolvendo em suas equipes, na verdade, ainda que em pequena escala, era resiliência. Resiliência, explica Martin P. Seligman, escritor e pioneiro na psicologia positiva, é a capacidade de reação das pessoas ao fracasso. Em seus livros e outros escritos, ele descreve como algumas pessoas caem e se levantam, aprendendo e crescendo com a experiência, enquanto outras se esvaem, tornando-se autocríticas e temerosas do futuro. Qual desses tipos de pessoa você quer cultivar na sua vida?

Empresas que contratam ex-militares aprenderam o valor da resiliência; elas sabem que os militares estão acostumados a lidar com erros e fracassos, às vezes num ritmo momento a momento, e seguir em frente apesar deles, com propósito definido.

Donovan Campbell, autor de *Joker One*, memórias da sua experiência como líder de pelotão no Iraque, faz parte do Programa de Desenvolvimento de Liderança da PepsiCo. Ele explica sobre o que aprendeu enquanto comandava seu pelotão.

> Na escola você é recompensado por não cometer erros. Então você sai e arruma um emprego, e muitas vezes é promovido porque comete poucos erros. Assim você desenvolve um estado mental segundo o qual erros devem ser evitados a todo custo. O que se aprende nas forças armadas é que não importa o quanto você seja bom ou quanto se esforce: primeiro, você irá cometer erros; segundo, às vezes o inimigo, ou uma situação que muda, ou algum evento vai impedir o seu sucesso, ou seja, você vai falhar. E você tem que aceitar essa ideia.[196]

Esta postura madura diante do fracasso, oposta a ficar paralisado em um estado de indecisão ou inércia, é o que desejamos de nossos empregados e líderes. Fazer com que o fracasso seja seguro para eles é uma forma de garantir que passem a admitir seus erros mais facilmente (o que, como vimos, é um dos aspectos chaves da liderança), recuperem-se mais rapidamente deles e aprendam mais com eles. Como líder, você conseguirá um quadro mais completo do trabalho da sua equipe e se tornará um coach e mentor melhor.

Então, como criamos esse tipo de ambiente? Charlene Li, em seu importante livro *Liderança aberta*, mapeia cinco ações que líderes podem realizar para instilar resiliência organizacional em suas equipes:

- *Reconheça que o fracasso pode acontecer.* Líderes podem reconhecer fracassos rapidamente quando acontecem, mas também precisam discutir com suas equipes a possibilidade de o fracasso ocorrer.
- *Estimule o diálogo para promover confiança.* Discutir problemas com honestidade é a melhor forma de aprender com eles e evitar que cresçam e se transformem em catástrofes enormes.
- *Separe a pessoa do fracasso.* Em vez de dizer "você fracassou", diga "o projeto fracassou". Na maioria dos casos, essa é a verdade. Amy Edmondson, professora de Harvard e pesquisadora, abordou essa questão com executivos. "Quando eu lhes pedi para [...] estimar quanto do fracasso em suas organizações podia ser realmente atribuído a um empregado, suas respostas foram, na maioria, de um dígito – entre 2% e 5%. Mas quando eu perguntei quantos casos são tratados como responsabilidade de um empregado, eles responderam (depois de uma pausa ou risada) entre 70% e 90%. A consequência indesejada é que muitos erros não são relatados e suas lições se perdem".
- *Aprenda com seus erros.* De outro modo serão perdidas oportunidades para aprendizado e coaching.
- *Crie um sistema para adoção de risco e fracasso.* Ter uma postura metódica diante de risco e fracasso pode ajudar a mitigar parte da reação emocional a eles.

Por que se dar a esse trabalho? O grande designer italiano Alberto Alessi descreveu a postura de sua empresa com relação ao design. Eles procuram sempre o limite entre o possível e o impossível e seus projetos trilham essa fronteira. Os melhores designs são aqueles que estão nessa fronteira, no limite do possível. Esse é o espaço para inovações, onde testamos nossos talentos e crescemos como indivíduos. É claro que ao trilhar essa linha tênue frequentemente pode-se escorregar e cair do lado impossível, o que resultará em fracasso. Mas que fracasso glorioso será, e quem sabe o que pode ser aprendido com ele. Sir Richard Dyson, o famoso designer de aspirador de pó, produziu mais de cinco mil protótipos antes de apresentar seu primeiro produto ao mercado.

O que precisamos lembrar, quando nos deparamos com uma pessoa que cometeu um erro, é que a forma como ela lidará com isso depende do apoio que recebeu enquanto passava pelos momentos difíceis e aprendia com eles. Uma diferença básica entre as pessoas comuns e as extraordinárias é a forma como encaram o fracasso e reagem a ele. Um bom líder pode influenciar em que categoria nós vamos cair.

De qualquer modo, existem erros e "erros". Alguns decorrem de falhas menores de avaliação, da inexperiência, da necessidade de orientação. Esses são os verdadeiros erros. Outros vêm da imprudência, ganância, falta de consideração pelo bem-estar dos outros e do desejo de se elevar às custas dos outros. Nesses casos, é altamente provável que a pessoa em questão não tenha remorsos nem se sinta responsável. Será correto ajudá-la a salvar a própria pele? Provavelmente não. Se o erro e a atitude arrogante forem sérios, ajudar essa pessoa a salvar-se só vai exacerbar o problema. Nesses casos, o melhor é minimizar os comentários públicos e usar conversas em particular para tratar, habilmente, da seriedade da situação.

Além de criar um ambiente em que as pessoas não sejam castigadas por seus erros como parte de um todo maior, os conselhos de Charlene Li podem ser usados em situações em que devemos ajudar um indivíduo a manter a dignidade para se recuperar de um erro menor, um vacilo ou uma gafe.

- Mostre ciência de que um erro foi cometido, mas seja delicado. Fingir que nada aconteceu atende ao critério de "perdoar", mas pode parecer falsidade quando o erro for flagrante.
- Reconheça e comente a sua participação, ainda que pequena.
- Concentre-se nos ganhos.
- Comente o fato de um ponto de vista mais amplo, quando for possível fazê-lo sem ter que culpar alguém.

Imagine que você está em um evento e é apresentado a alguém que já conhece, mas a pessoa evidentemente não se lembra de você, que poderia dizer "nós já nos conhecemos!", escancarando a gafe do outro. Ou poderia falar: "Oi, Mark. Que bom ver você de novo. Você estava no almoço do Better Business Bureau, no mês passado? Foi um ótimo evento para fazer contatos, mas tinha muita gente, o que me deixou meio perdido".

Atualmente, nossos erros, passos em falso e fracassos são muito mais públicos do que eram no passado. Quando um empregado comete um erro, não é surpresa se o cliente começa a blogar a respeito, publica a experiência no Facebook ou dispara um e-mail irônico para o CEO da empresa. O empregado já está se sentindo humilhado e temeroso. Por que piorar as coisas? Na era digital, permitir que os outros mantenham a dignidade é crucial.

É claro que ajudar alguém a salvar a pele pode ser difícil caso seus erros já tenham sido transmitidos. É importante manter uma disciplina rigorosa sobre o que você escreve nos e-mails. Uma mensagem enviada acidentalmente para a pessoa errada ou hackeada pode não só causar constrangimento como também arruinar a reputação profissional de uma pessoa. Se você precisa discutir um erro ou uma falha de alguém, o melhor é fazê-lo pessoalmente ou pelo telefone. Reserve a comunicação escrita para elogios ou conselhos construtivos.

Embora seja importante ajudar os outros a enfrentar seus erros com elegância, ajudar um cliente ou cliente em potencial a salvar a própria pele pode ser um tática comercial útil. Wolfgang Schmidt explicou como sua empresa, a Rubbermaid, usa essa técnica para conquistar novos clientes.

> Nós recebemos reclamações. Cerca de metade delas são resultado de o cliente comprar um produto e pensar que é nosso, mas é de um concorrente. Então o cliente escreve para nós. Nossa política é simplesmente escrever uma carta pessoal que diz: "Nós compreendemos como você se confundiu, porque existem concorrentes que copiam nossos produtos. Foi um engano comum, e nós gostaríamos que você constatasse pessoalmente a diferença na qualidade. Então,

> experimente um dos nossos gratuitamente". Nós lhes enviamos nosso produto em substituição ao que eles compraram seja qual for a reclamação. E acreditamos que esse é um modo maravilhoso de comunicar, com muita credibilidade, o valor da Rubbermaid.[197]

Mesmo que a outra pessoa esteja errada, tudo o que conseguimos é destruir seu ego quando escancaramos seu erro. Isso em nada contribui para mudar seu comportamento. Por outro lado, quando suavizamos as falhas, não estamos apenas poupando o lado emocional do outro, estamos injetando confiança e respeito em nosso relacionamento com ele. Ajude alguém a salvar a própria pele uma vez e sua influência com ele aumentará. Faça isso sempre que puder e não haverá nada que ele não fará por você.

6

Exalte as coisas boas

Em um belo dia de 2010, a rede hoteleira Best Western criou uma página especial no Facebook. Visitantes correram para ela. Centenas de mensagens foram publicadas no mural.

> "Wallace faz com que viajantes cansados sintam como se estivessem chegando em casa! A melhor coisa no saguão do hotel é o seu sorriso."
>
> "Wallace é o melhor. Nós adoramos voltar só para encontrá-lo!"
>
> "Quando estávamos saindo, as crianças perguntaram quando voltaríamos para ver Wallace!"
>
> "Eu devo ter passado por ele no saguão umas quinze vezes durante a minha estadia. Em todas as vezes ele estava sorrindo e tinha algo divertido para dizer. Ele foi uma das melhores partes da minha viagem!"
>
> "Nós deveríamos todos nos tratar como o Wallace faz. Se ele já teve um mau dia, ninguém ficou sabendo."
>
> "Nunca, em todas as minhas viagens, encontrei alguém mais gentil e atencioso, tão disposto a fazer um hóspede se sentir bem-vindo."
>
> "Meu dia fica dez vezes melhor quando vejo Wallace. Sua recepção é sempre calorosa, ele conhece muito bem a cidade, sua gentileza e seu profissionalismo são incomparáveis e ele tem aquele sorriso genial, que torna minha estadia mais agradável... Ele tem um dom especial para lidar com as pessoas."

Mas quem é esse Wallace?

Wallace Pope, natural de Chicago, pai solteiro, empregado de longa data do Hotel Best Western River North – um homem que adora ajudar os outros.

Quando Wallace foi indicado para o prêmio Stars of the Industry, da Associação de Hotéis de Illinois, a Best Western quis mostrar seu apoio e orgulho ajudando-o a ganhar.[198] Então, a empresa criou uma página no Facebook chamada "Wallace Should Win"[199] e encorajou hóspedes do hotel a acessar a página e compartilhar suas histórias sobre o atendimento prestado por Wallace. A página teve 2.722 visitas na primeira semana. Histórias emocionadas de carinho e apoio foram despejadas pelos clientes. A gentileza de Wallace e sua habilidade de melhorar a viagem e a experiência pessoal dos clientes foram enaltecidas muitas vezes. E embora Wallace não tenha ganho o prêmio, os elogios e incentivos que recebeu através da página no Facebook foram mais importantes que a placa de vencedor.

Elogio e incentivo: os dois elementos essenciais na motivação de qualquer pessoa para que atinja seu pleno potencial ou para gerar mudanças. Ainda assim, é difícil para muitos de nós reconhecer os esforços de quem está ao nosso redor.

O dr. Gerald Graham estava curioso para saber o que os gerentes podiam fazer para motivar seus empregados. Então, ele fez uma pesquisa com 1.500 funcionários e os resultados foram chocantes:

- 58% afirmaram que raramente ou nunca recebiam elogios de seu gerente,
- 76% afirmaram que raramente ou nunca recebiam agradecimentos por escrito,
- 81% afirmaram que raramente ou nunca eram elogiados em público.

Note-se que elogio do gerente, agradecimentos por escrito e elogios em público foram três das cinco maiores motivações citadas pelos empregados.[200]

Esses resultados são de 1982. Décadas depois, a situação não mudou muito. Empregados que recebem elogios com frequência são mais produtivos, e empresas nas quais os empregados são elogiados frequentemente são mais bem-sucedidas. Esse é um dos doze indicadores de sucesso que Marcus Buckingham e Curt Koffman descrevem em *First, Break All The Rules*[201], baseados em uma extensa pesquisa do Instituto Gallup. Mas os chefes são reconhecidamente ruins na hora de elogiar.

Todos nós desejamos ser admirados; todos desejamos nos sentir importantes. E quando melhoramos nosso desempenho ou fazemos algo de bom, receber um elogio é uma mensagem clara de que os outros notaram e que o que fizemos é importante. Isso é verdade no trabalho, em casa, na escola, em nossas comunidades. Um dos princípios psicológicos básicos do comportamento humano é que nós persistimos nos comportamentos pelos quais somos elogiados; os comportamentos que não são reconhecidos de modo positivo serão, provavelmente, deixados de lado.

O Centro de Eficácia Gerencial e Organizacional oferece os seguintes conselhos para se elogiar as pessoas à nossa volta:[202]

1. "Elogie com o coração." Seja sincero e autêntico.
2. "Elogie o quanto antes possível." Não espere a próxima reunião, análise de desempenho, refeição em família ou reunião social. Até lá, a alegria que a pessoa sentiu pelo sucesso já terá se dissipado, e você terá perdido uma oportunidade de amplificar essa alegria.
3. "Faça um elogio específico." Um simples "muito obrigado" não é elogio, é educação. Para que saibam que seus esforços as estão conduzindo pelo caminho certo, as pessoas precisam saber exatamente o que você apreciou no que fizeram.
4. "Elogie as pessoas em público." Nesta era de tecnologia social, elogiar em público fica mais fácil a cada dia. Então, não há desculpas para não fazê-lo. O Best Western usou a tecnologia social para elogiar. Você não precisa mais esperar pela próxima reunião trimestral para reconhecer um trabalho bem-feito.

Devemos tentar elogiar com a máxima frequência possível. A

maioria de nós não procura oportunidades para fazê-lo; nós simplesmente tiramos vantagem das oportunidades que já existem.

O capitão Abrashoff, do *USS Benfold*, compreendeu a força dos elogios melhor que a maioria:

> A maioria dos jovens marinheiros veio de famílias pobres e lutou muito para entrar na Marinha. Eu me pus no lugar dos pais deles e imaginei como eles se sentiriam ao receber cartas do oficial comandante de seus filhos; então, eu imaginei como esses jovens se sentiriam quando seus pais lhe contassem. Eu comecei a escrever cartas para os pais, principalmente quando seus filhos ou filhas faziam algo que eu podia elogiar com sinceridade. Quando as cartas chegavam, os pais invariavelmente ligavam para seus filhos para dizer como sentiam orgulho deles.[203]

Um marinheiro fazia parte de uma equipe com ótimo desempenho, mas ele mesmo não era uma estrela. O capitão Abrashoff percebeu que elogiar suas conquistas como parte de uma equipe daria àquele marinheiro o impulso de que ele precisava. Então, Abrashoff escreveu uma carta para os pais do jovem. Duas semanas depois, o marinheiro bateu à porta do capitão com lágrimas correndo pelo rosto.

"Eu acabei de receber um telefonema do meu pai, que passou minha vida toda dizendo que eu era um fracasso. Desta vez ele disse que leu sua carta, e que queria me cumprimentar e dizer como estava orgulhoso de mim. É a primeira vez, em toda a minha vida, que ele me elogia."

Obviamente, esse foi um momento memorável para o jovem marinheiro. Como você imagina que isso afetou a crença dele sobre o quanto poderia conquistar para si mesmo e se dedicar ao sucesso de sua equipe?

Elogio, embora seja poderoso e necessário, também implica na comparação com algum tipo de padrão. O que os grandes líderes e pessoas com influência sabem é que no restante do tempo precisamos incentivar. "Elogio é dado quando alguém consegue 'bons' resultados. Mas incentivos podem ser dados a qualquer momento, mesmo quando as coisas vão mal."[204]

Essa é a essência de incentivar – mostrar que você acredita no talento, na habilidade e nas competências intrínsecas da pessoa porque ela existe, independentemente de como as coisas estão naquele momento.

Ser um incentivador requer uma atitude especial. Quando você olhar para uma pessoa, em vez de enxergar suas falhas, precisa conseguir ver seus pontos fortes e suas possibilidades, do que ela é capaz. O incentivo que não é sincero, que não tem a força da sua fé genuína naquela pessoa, apenas desdenha os esforços dela.

O que o incentivo encoraja nas pessoas? Solidez psicológica – a capacidade de enfrentar os desafios estressantes e indutores de ansiedade com que nos deparamos todos os dias e seguir em frente, continuar tentando apesar deles. Essa é a característica das pessoas positivas e bem-sucedidas.

Incentivo gera motivação e encontrar formas de motivar é uma grande luta para líderes em todas as áreas da vida. A primeira causa dessa luta? A maioria de nós não reflete sobre o que motiva as pessoas. Frequentemente, presumimos que as pessoas querem recompensas materiais, que a postura da cenoura e do porrete é a melhor – mas raramente esse é o caso. As pessoas são verdadeiramente mais motivadas por incentivos sociais e pessoais do que por recompensas materiais.

Através de sua pesquisa sobre famílias e casamentos saudáveis, o autor e psicólogo Jon Carlson definiu algumas práticas essenciais que podemos usar para criar um ambiente motivador:[205]

1. Faça com que relações saudáveis sejam uma prioridade: respeito e comunicação positiva são dois elementos fundamentais para tanto.
2. Pratique o incentivo diariamente. Não espere até alguém tropeçar no caminho do gol. Reconheça cada esforço e cada progresso, mesmo que pequeno, para fazer a pessoa saber que sua fé nela é inabalável.
3. Seja inclusivo. Por exemplo, inclua os outros no seu processo de tomada de decisão sempre que possível; isso mostra que você acredita no bom senso deles.
4. Não deixe os conflitos fermentarem. Quando se está disposto ao conflito é fácil deixar a conversa escorregar para o desincentivo e o desprezo. Compare "eu acho que você consegue" e "parece que estamos com um problema – o que podemos fazer a respeito?" com "deixe que eu cuido disso" ou "eu lhe disse para ter cuidado!".

5. Divirta-se.

Clarence M. Jones, instrutor do Instituto Carnegie, contou como o hábito de incentivar e fazer os erros parecerem fáceis de corrigir mudou a vida do seu filho.

> Meu filho David, então com 15 anos, veio morar comigo em Cincinnati. Sua vida tinha sido complicada. Em 1958, ele cortou a cabeça em um acidente de carro, o que deixou uma cicatriz feia em sua testa. Em 1960, eu e a mãe dele nos divorciamos, e ele se mudou com a mãe para Dallas, no Texas. Ele passara a maior parte da vida escolar em classes especiais para crianças com dificuldade de aprendizado. Talvez por causa da cicatriz, a direção da escola decidiu que ele tinha algum problema no cérebro e não poderia aprender no mesmo ritmo dos outros. Ele estava dois anos atrás do grupo com a mesma idade dele, de modo que estava apenas no sétimo ano. Ainda assim, ele não sabia a tabuada, somava com os dedos e mal sabia ler.
>
> Havia um ponto positivo. Ele adorava lidar com aparelhos de tevê e rádio. Ele queria se tornar técnico de tevê. Eu o incentivei nisso e notei que ele precisava de matemática para poder fazer o curso técnico. Decidi, então, ajudá-lo a melhorar nessa disciplina. Compramos quatro conjuntos de fichas de resumo: multiplicação, divisão, adição e subtração. Conforme trabalhávamos com as fichas, nós colocávamos as respostas corretas em um monte de descarte. Quando David errava uma, eu lhe dizia a resposta correta e colocava a ficha no monte de repetição até que não sobrassem mais fichas. Eu comemorava muito cada ficha que ele acertava, principalmente se fosse uma que ele já tivesse errado antes.
>
> Todas as noites nós estudávamos o monte de repetição até que não sobrassem fichas. A cada noite nós cronometrávamos o exercício. Eu prometi a David que quando ele acertasse todas as fichas em oito minutos, sem respostas erradas, nós poderíamos parar de fazer aquilo todas as noites. Isso pareceu um objetivo impossível para David. Na primeira noite nós levamos 52 minutos, na segunda, 48, depois 45, 44, 41 e abaixo de 40.

Comemorávamos cada redução. Eu contava para minha mulher e nós dois fazíamos festa para ele, e então dançávamos. No final de um mês ele respondia a todas as fichas, com perfeição, em menos de oito minutos. Quando fazíamos uma pequena melhoria ele pedia para repetir. Ele tinha feito a fantástica descoberta que aprender era fácil e divertido.

É claro que suas notas em álgebra deram um salto. É surpreendente como a álgebra fica fácil quando se sabe multiplicar. Ele se surpreendeu quando trouxe para casa uma nota B em Matemática. Outras mudanças aconteceram com uma rapidez inacreditável. Sua leitura melhorou rapidamente, e ele começou a usar seu dom para o desenho. Mais para frente, nesse mesmo ano, o professor lhe pediu para apresentar um trabalho na feira de ciências. David resolveu desenvolver uma série de modelos bem complexos para demonstrar o efeito das alavancas, o que exigiu habilidade não apenas em desenho e construção de modelos, mas também em Matemática aplicada. O trabalho dele ganhou o primeiro lugar na feira de ciências da escola e foi inscrito no concurso municipal, no qual ele ficou em terceiro lugar – de toda a cidade de Cincinnati.

Foi fantástico. Lá estava um garoto que repetira dois anos, sobre o qual disseram que tinha um "problema no cérebro", que era chamado de Frankenstein pelos colegas, de quem falavam que o cérebro devia ter vazado pelo corte na testa. De repente ele descobriu que podia aprender de verdade e fazer grandes coisas. O resultado? Do último trimestre do oitavo ano até o fim do Ensino Médio ele sempre esteve no quadro de honra da classe; no Ensino Médio ele foi eleito para a sociedade nacional de honra. Depois que ele descobriu que aprender era fácil, toda sua vida mudou.

Diga a alguém que você confia plenamente em sua habilidade para atingir um objetivo e o incentive destacando todos os seus pontos fortes que irão lhe ajudar na tarefa; para ser bem-sucedido, ele irá praticar até a luz do dia entrar pela janela.

Lembre-se: habilidades murcham sob crítica e florescem com incentivo. Exalte as coisas boas e maximizará o talento dos outros.

7

Dê uma boa reputação aos outros e eles se esforçarão para mantê-la

Benjamin Zander estava cansado de ver seus alunos do conservatório tão ansiosos, por causa da nota pelas apresentações em sala de aula, que escolhiam o caminho mais seguro para sua educação musical. Nos níveis mais altos do mundo artístico, a competição feroz define o processo de evolução do talento. Ele pensava em abandonar totalmente as notas, mas isso colocava uma série de desafios, entre eles fazer o diretor do conservatório aprovar medida tão radical.

Então, em vez disso, ele decidiu que daria uma nota A para cada aluno – e logo no primeiro dia de aula.

Ao encontrar seus novos e nervosos alunos, ele disse: "Cada aluno desta classe vai tirar nota A no meu curso. Contudo, existe uma condição que vocês devem obedecer para ganhar essa nota: em algum momento das próximas duas semanas vocês devem me escrever uma carta datada de maio... e nessa carta vocês devem contar, com o máximo de detalhes, a história do que terá acontecido com vocês até maio para que mereçam essa ótima nota".

Ele instruiu os alunos a pensarem neles mesmos refletindo, no futuro, sobre o que fizeram para ganhar uma nota tão boa. Eles teriam que discutir ideias, etapas e até competições ganhas. Mas Zander queria mais do que uma análise superficial. "Estou especialmente interessado na pessoa que vocês terão se tornado em maio. Estou interessado na atitude, nos sentimentos, e na visão de mundo dessa pessoa que terá feito tudo o que desejava fazer ou se tornado aquilo que queria ser", disse-lhes o professor.[206]

Como foi a resposta dos alunos? Considere a carta a seguir de um trombonista:

> *Caro Sr. Z:*
>
> *Hoje o mundo me conhece. Aquele fluxo de energia e emoção intensa, que o senhor viu se contorcendo e dormente dentro de mim, mas que, infelizmente, eu não conseguia mostrar nas discussões ou nas apresentações, foi liberado nesta noite em um programa com músicas novas compostas por mim... O concerto terminou e ninguém se mexeu. Um silêncio pesado. Suspiros: e então um aplauso que sufocou as batidas do meu coração.*
>
> *Pode ser que eu tenha feito uma reverência – não consigo me lembrar. Os aplausos duraram tanto que eu pensei que podia considerar minha estreia completa e celebrar a retirada*
>
> *Da máscara e do escudo*
> *que eu fizera*
> *para ficar oculto*
> *improvisando minha própria melodia como um*
> *bis – desacompanhado.*
> *Seguiu-se um tipo de sonho. Eu me esqueci de técnica,*
> *pretensão, tradição, formação, história –*
> *até mesmo da plateia.*
> *O que saiu do meu trombone*
> *eu acredito mesmo, foi minha própria*
> *Voz.*
> *Risadas, sorrisos,*
> *rostos franzidos, alguém chorou*
> *Foi meu "Tuckerespírito"*
> *que cantou.*
>
> *– Tucker Dulin*

Ao longo dos dez meses de seu curso, Zander testemunhou seus alunos se transformarem de forma incrível. Ele chama essa abordagem de "dar um A". Em seu livro *A arte da possibilidade*, em coautoria com sua esposa, Rosamund Stone Zander, ele diz o seguinte sobre o potencial dessa técnica para promover a grandeza no indivíduo:

> Um A pode ser dado a qualquer um em qualquer profissão – uma garçonete, o seu patrão, a sua madrasta, os membros do time adversário e os outros motoristas no trânsito. Quando você dá um A, percebe-se falando com as pessoas não de uma posição em que mede como elas se saem dentro do seu padrão, mas de uma posição de respeito que lhes dá espaço para que tomem consciência de si mesmas... Esse A não é uma expectativa a ser atendida, mas uma possibilidade a ser vivida

Que ponto de vista mágico para se defender em um mundo muitas vezes cínico!

Coaches, mentores, líderes e pais com frequência descobrem que as pessoas vivem de acordo com as expectativas que temos delas, não importa o quão pequenas sejam. Se uma pessoa se sente desrespeitada ou sem importância, ela terá pouca motivação para se aprimorar. Então, por que não criar uma visão dela que incorpore tudo o que sabemos de que ela é capaz de fazer, bem como tudo o que não sabemos sobre suas possibilidades. Raramente iremos nos decepcionar.

A mãe de Paige Ann Michelle McCabe descreveu sua experiência ao criar uma reputação de "menina grande" para sua filha.

> Paige Ann Michelle McCabe, 4 anos, estava sentada em um dos nossos bancos da cozinha quando me ouviu dizer a seu irmão de 6 anos, Brandon, que a partir daquele momento era responsabilidade dele pôr a mesa do jantar. O rostinho de Paige mostrou uma mistura de esperança e lágrimas. "E o que eu já tenho tamanho para fazer, mamãe? O que eu posso fazer porque já sou grande também?" Sem

querer partir seu coraçãozinho nem diminuir sua autoestima, pensei rapidamente em algo que pudesse ser da responsabilidade dela.

Uma ideia me ocorreu bem a tempo. "Paige Ann Michelle", anunciei triunfante, "agora que você tem 4 anos de idade, que é idade suficiente para saber escolher, você é responsável por escolher suas próprias roupas para o dia seguinte. Toda noite, antes do banho, você vai retirar as roupas da gaveta e colocá-las na cama, prontas para serem vestidas pela manhã, quando acordar."

A casa ficou toda agitada. Brandon chispava da mesa, enquanto Paige correu para seu quarto, de onde vinha o som de gavetas e armários sendo abertos e fechados. Cerca de dez segundos depois ela veio relatar seu sucesso. "Olhe, mamãe, eu consegui. Já separei as roupas! Venha ver, venha!" Lá estavam as roupas, estendidas sobre a cama, prontas para o dia seguinte. Eu lhe disse como estava orgulhosa por ela estar crescendo e ter suas obrigações. Ela brilhou de alegria.

Na manhã seguinte aconteceu um milagre na casa dos McCabe.

Normalmente, a mãe tem de obrigar uma rabugenta Paige a sair da cama, e fazê-la se vestir é difícil, para dizer o mínimo. "Se eu escolho uma saia azul, ela quer usar calças vermelhas. Se escolho uma blusa branca com borboletas, ela quer vestir uma blusa roxa com flores. Finalmente, quando desisto e lhe digo para usar o que quiser, ela demora a vida toda. Paige fica mau-humorada e eu exausta.

Mas não naquela manhã. "Olhe o que eu estou vestindo, mãe!", disse ela, que se vestira antes de eu mandar! Orgulhosa, eu a beijei e disse-lhe que tinha adorado o que ela escolhera. Era de manhã e Paige Ann Michelle McCabe estava feliz. Que diferença aquilo fez!

Paige Ann esforçara-se para manter a reputação de garota "grande" de 4 anos que lhe tinha sido concedida.

Para mudar o comportamento de alguém, mude o nível de respeito com que ele é tratado dando-lhe uma boa reputação, que precisará manter. Haja como se o comportamento que você quer incentivar já fosse uma das melhores características dessa pessoa.

8

Procure interesses comuns

Os empregados de uma manufatura estavam em greve há seis meses quando, finalmente, concordaram com um contrato de trabalho. Os termos, contudo, eram menos vantajosos do que eles pediam a princípio. Embora os empregados tenham voltado ao trabalho, a tensão era alta dos dois lados. O ambiente de trabalho estava pesado. Como eles conseguiriam superar a animosidade e seguir adiante?

Em *Conversas decisivas*, os autores Kerry Patterson, Joseph Grenny, Ron McMillan e Al Switzer descreveram como fizeram para conectar os dois lados. Eles instruíram cada grupo a refletir, durante algum tempo, sobre seus objetivos para a empresa e escrevê-los em um papel grande. Cada grupo passou duas horas discutindo seus objetivos, que foram escritos no papel afixado na parede da sala em que estavam. Os facilitadores, então, pediram às equipes que trocassem as salas para ver quais os objetivos do outro grupo, com o propósito de se tentar encontrar algum interesse comum aos dois lados.

O que você acha que aconteceu?

Quando os dois grupos voltaram à sala de reuniões, estavam espantados. Seus objetivos eram quase idênticos: "Uma empresa rentável, com empregos estáveis e bem remunerados, produtos de alta qualidade e um impacto positivo na comunidade".[207]

Embora essa revelação não apagasse o passado, ela dava a cada grupo uma nova forma de enxergar o outro. Eles aprenderam algo a respeito do outro que tornaria mais fáceis futuras negociações.

Por que interesses comuns são tão importantes? Para um líder influenciar com eficácia a atitude ou o comportamento do outro, ele precisa superar qualquer resistência em potencial fazendo com que a pessoa sinta-se bem em fazer o que lhe está sendo pedido. Não estamos falando de manipulação ou controle mental. Se você pensar nos objetivos do outro e como conectá-los aos seus, conseguirá criar uma situação em que todos ganham, deixando vocês dois felizes.

É espantoso como é simples, hoje, encontrar pontos comuns com os outros quando dedicamos algum tempo a isso. Se você está se preparando para uma entrevista ou reunião com um cliente prospectivo, não vai passar algum tempo pesquisando essa empresa, para descobrir sua missão, seus objetivos e valores? Todas essas informações estão disponíveis nos sites das empresas. Muitas fazem mais, publicando biografias dos funcionários, comunicados à imprensa e blogues com informações atualizadas.

Ainda assim, com frequência não gastamos o mesmo tempo para nos informar a respeito das pessoas que fazem parte da nossa vida e ficam bem ao nosso lado, mesmo que seja igualmente fácil. Pergunte a essas pessoas o que fizeram no fim de semana, aonde esperam ir nas próximas férias ou que livro leram recentemente, e você irá descobrir algo interessante e revelador sobre seus objetivos e sonhos. Se você estiver conectado a elas nas redes sociais, isso será ainda mais fácil.

A teoria dos seis graus de separação é interessante, e também um modo fantástico de pensar sobre aqueles que você quer influenciar. Quando se expande a busca para incluir interesses, experiências e objetivos comuns, a verdade é que estamos a apenas um grau de qualquer pessoa. Para influenciar os outros e conseguir que façam alegremente aquilo que nós queremos, só precisamos encontrar esse grau que nos conecta.

Uma estudante do Instituto Dale Carnegie Training, na Alemanha, descobriu que a opção ousada de simplesmente escrever para as pessoas que ela queria conhecer melhor – para, talvez, encontrar esse grau de conexão – pode produzir resultados assombrosos.

Como eu era muito tímida, decidi escrever e-mails para as pessoas que me interessavam. Eu pesquisei e encontrei os endereços de pessoas muito famosas, para quem fiz perguntas sobre seu passado, como começaram a trabalhar e o que era importante para elas pessoalmente.

Duas semanas depois, recebi uma carta de duas páginas do presidente alemão Johannes Rau, que respondeu as minhas perguntas.

Seis semanas depois recebi outra carta. Era um envelope grande, com um livro que deveria responder minhas perguntas. Ele me fora enviado por Sua Santidade, o Dalai-Lama.

O que essa pessoa aprendeu? Se você fizer o esforço, as pessoas – todas elas, mesmo as que parecem inatingíveis – irão lhe contar suas histórias, suas motivações e seus objetivos.

Uma noite, Dana White, presidente da organização do Ultimate Fighting Championship, tuitou seu número de telefone por acidente para um milhão de fãs, que o retuitaram para milhões de outras pessoas. Em poucos minutos, os fãs estavam telefonando. Um líder menos atento à satisfação de seus clientes teria ligado para a empresa de telefonia e pedido a mudança do número imediatamente. Mas não foi o que Dana White fez.

Por mais de uma hora e meia, ele atendeu as ligações e conversou com os fãs. Eles adoraram.

Foi um erro feliz, e Dana White aprendeu muito com ele. Ele aprendeu que conversar com os fãs é importante, e a empresa de relações públicas que trabalha a presença on-line do UFC percebeu que eles tinham conseguido uma nova oportunidade de "fornecer valor aos fãs, quando, onde e da forma que quisessem".[208]

Agora Dana White tem um número dedicado que usa para receber chamadas dos fãs. O número está em todos os seus canais sociais digitais. Quando tem tempo, ele avisa os fãs que está pronto para falar e o telefone começa a tocar.

Seus noventa minutos acidentais no telefone com fãs do UFC não foram um truque, e esse é um dos motivos pelos quais esse é o esporte que mais cresce no mundo, de acordo com Greg Ferenstein, do site

Mashable.[209] Dana White já demonstrou seu entusiasmo em se conectar com os fãs através das mídias sociais desde o início, e contou com o apoio dos fãs quando as grandes redes de comunicação se recusaram a cobrir os eventos do UFC. Quando ele contratou a Digital Royalty para amplificar a presença on-line do UFC e treinar os lutadores nas técnicas das redes sociais, ele disse aos atletas: "Eu quero que vocês tuítem pra c..." Aí está o segredo do seu sucesso em se conectar com os fãs: ele é brutalmente honesto e franco.

Para mostrar a força dessa ligação com os fãs para um amigo, White saiu do restaurante em que estava e andou até um posto de gasolina – às onze e meia da noite. Ele tuitou onde estava. Em menos de três minutos apareceram cerca de cem fãs.

Em sua análise sobre o trabalho de Dana White, Greg Ferenstein escreveu: "Transparência, esforço para se comunicar e abertura são mais importantes do que nunca, agora que as mídias sociais permitem aos fãs subverter os canais tradicionais e emitir suas opiniões diretamente. White está disposto a ir ao encontro deles, deixando de lado qualquer encenação para se conectar genuinamente com os fãs".

Embora as mídias sociais sejam ótimas ferramentas para se aprender o que motiva as pessoas, elas são apenas isso: ferramentas. Os líderes precisam promover, dentro deles, um desejo sincero de descobrir as respostas e agir de acordo com as informações que obtiver, um desejo que muitos executivos malsucedidos sabotam, consciente ou inconscientemente. Sobre esse desejo desprezado por muitos altos executivos, o dr. Tim Irwin, autor de *Derailed*, concluiu:

> Assim como a humildade parece estar no epicentro da liderança eficaz, a arrogância normalmente está na raiz da ruína de um líder. [...] e nossa [...] arrogância assume muitas formas. A mais rudimentar é a atitude egocêntrica que desenvolve uma crença de que somos essenciais para a viabilidade da organização, do departamento ou da equipe. O resultante desprezo pelas contribuições dos outros é inevitável. Quando a arrogância se desenvolve em soberba, surge um sentimento de merecimento. "Este lugar não

> funciona sem mim, e eu mereço benefícios especiais." Líderes arrogantes também parecem menosprezar as opiniões, tão benéficas para qualquer líder, a respeito dele e da sua atuação. Eles se tornam desnutridos da verdade.[210]

Podemos encontrar uma atitude diferente em Yvon Choinard, cofundador (com sua esposa Malinda) da empresa de vestuário e material esportivo Patagonia e autor do livro *Let My People Go Surfing*[211]. Yvon tem orgulho de a Patagonia contratar profissionais muito independentes – gente que "seria considerada impossível de ser contratada por empresas típicas", como lhe disseram consultores organizacionais. Embora ele se orgulhe de seus empregados independentes, isso representa um desafio para a gerência: como constituir uma equipe coesa com todos os seus membros concentrados nos mesmos objetivos.

Um dos recursos que ele adotou é a disposição dos escritórios. "Ninguém tem um escritório pessoal em nossa empresa, e todos trabalham em salões abertos, sem portas ou separações [incluindo Yvon e Malinda]. Aquilo que porventura perdemos em termos de 'espaço quieto para pensar' é plenamente compensado por uma melhor comunicação e atmosfera igualitária."[212]

Agora dê um passo adiante e reflita sobre a Admiral Janitorial Services, a empresa fictícia descrita por Matthew Kelly em *O administrador de sonhos*[213]. A rotatividade é alta e onerosa. O que fazer? Primeiro, descobrir qual a principal queixa. A empresa presume que a maior causa da rotatividade é o salário, mas quando faz uma pesquisa com os empregados descobre que o maior problema deles é o transporte. Muitos dependem de transporte público, que é irregular e até perigoso à noite. O que devem fazer os líderes da empresa? Eles providenciam ônibus fretados, o que custa caro, mas compensa de longe o custo da rotatividade. O tempo de empresa dos empregados dobra, as faltas por motivo de saúde diminuem e o moral cresce.

Ainda assim, os líderes acreditam que poderia ser melhor. O que faz, de verdade, as pessoas saírem? Os empregos não apresentam possibilidade de ascensão, não existem cargos atraentes e todo mundo sabe disso. Os líderes percebem que não é possível arrumar isso, mas podem encontrar formas de ajudar os empregados a se aproximar de seus sonhos enquanto trabalham na Admiral. Então, eles perguntam aos empregados "quais são os seus sonhos?" Surpreendentemente (ou talvez não), os empregados lhes dizem. Agora a empresa possui informações poderosas, que são usadas para benefício dos empregados. Um deles quer aprender espanhol; outro, que por acaso fala espanhol, quer dar aula. Então a empresa os conecta.

Sim, a história é ficcional, mas o exemplo parece exagerado?

Por que não podemos saber o que nossos colegas, amigos e familiares sonham? Como é poderosa essa informação. Como ela pode ser fundamental para você e aqueles que estão na sua esfera de influência consigam o que desejam.

Você sabe o que motiva as pessoas ao seu redor? Existem formas simples de descobrir. E depois que você tem a informação, é simples o processo de ligar os resultados almejados por você aos objetivos deles:

1. Seja sincero. Não prometa nada que não possa cumprir.
2. Seja empático. Pergunte-se o que o outro realmente deseja.
3. Pense nos benefícios que a pessoa terá ao fazer o que você sugere.
4. Combine esses benefícios com os outros desejos da pessoa.
5. Quando fizer seu pedido, faça-o de forma que fique claro para essa pessoa que ela será beneficiada pessoalmente.

Quanto mais você conhecer os outros e mais eles conhecerem você, mais fácil será encontrar interesses comuns para basear sua futura colaboração. Permanecer conectado aos clientes no mundo digital, diz o magnata do Grupo Virgin, recentemente votado como Personalidade Britânica mais Influente nos Negócios, está mantendo muitos executivos acordados à noite.

> A forma como as empresas se adaptarão a esse mundo ativo e, às vezes, caótico definirá seu sucesso futuro. Seu site, sua página no Facebook, o blogue, o Twitter não são mais acessórios no

> orçamento de comunicação de uma empresa: eles devem ser pontos centrais da estratégia de marketing, e precisam ser usados em coordenação com outras iniciativas de marketing. [214]

A chave, diz Branson, é não configurar seus canais de mídia digital como dispositivos meramente transacionais; em vez disso, deixe-os abertos como ferramentas de comunicação. Hoje vivemos em um mundo conectado, onde a ideia de empresas e clientes em contato instantâneo e constante não é exceção: é expectativa.

"A ascensão das mídias sociais", escreveu Branson,

> tem apresentado desafios emocionantes e feito com que questionemos as formas tradicionais de se fazer negócios. [...] Para ter sucesso, esses esforços devem ter apoio de cima. David Cush, CEO da Virgin America, liberou a gerência desses canais de mídias sociais da hierarquia clássica da empresa. Sua equipe de mídias sociais é constituída por profissionais na faixa dos 20 anos de idade que receberam diretrizes gerais e foram soltos no mundo digital.

A equipe digital da Virgin emprega Facebook e Twitter como parte da estratégia de comunicação da empresa. Essa conexão digital aberta permitiu uma oportunidade que resultou em uma campanha de marketing bem-sucedida.

Muitos abrigos de animais da Costa Oeste estavam abarrotados de chihuahuas, e algo precisava ser feito para dar a esses cãezinhos uma chance de encontrar bons lares. A ASPCA (Sociedade Americana para Prevenção de Crueldade contra Animais) interveio, entrando em contato com a Virgin America para saber se eles poderiam ajudar transportando por avião diversos cães de São Francisco para Nova York. A Virgin imediatamente concordou e até ofereceu tripulantes para acompanhar os pequenos passageiros.

A equipe digital da Virgin promoveu essa história através de todos os seus canais de comunicação. "Ficou viral", explica Branson, "e atraiu o interesse dos meios tradicionais – destacando a atuação da ASPCA e do esforço da Virgin para ajudar. Usamos a história, então, como base de uma venda on-line muito bem-sucedida de voos para o México."

Os papéis tradicionais de publicidade, marketing e relacionamento com o consumidor mudaram. Assim como o papel do líder atual. No espaço e tempo digital com acesso livre e comunicação frequente, os princípios conhecidos da atividade corporativa foram amplamente desconstruídos e substituídos pelos princípios básicos das relações humanas. Se hoje você não souber como fazer amigos e influenciar pessoas de forma genuína e positiva, não apenas terá dificuldade para se manter em um mercado que obedece às regras do consumidor, mas também terá problemas para manter seus empregados.

Longe vão os dias em que os líderes podiam emitir seus relatórios por detrás de portas fechadas em escritórios nos andares mais altos, acessíveis apenas por elevadores privados. Na verdade, esses dias nunca existiram no que diz respeito à liderança eficaz - nem em 1936 nem agora. Hoje, com a conectividade em tempo integral sendo a norma, as consequências da liderança à distância são mais palpáveis. Proximidade física nem é a principal questão. Proximidade relacional, sim.

Enquanto um indivíduo dificilmente consegue manter um relacionamento produtivo e construtivo sem uma dose razoável de presença física, nenhuma pessoa no mundo - muito menos um líder - consegue manter influência construtiva sem proximidade relacional.

É verdade que o mundo está aberto para negócios, mas sua primeira tarefa deve ser o negócio da humanidade. As maiores empreitadas são e sempre serão interdependentes e interativas. No final, a arte de fazer amigos e influenciar pessoas na era digital pode ser resumida na atividade de se conectar e permanecer conectado em interesses comuns.

Notas

POR QUE O CONSELHO DE CARNEGIE AINDA É VÁLIDO

1. James Thurber, "Friends, Romans, Countrymen, Lend Me Your Ear Muffs", *Lanterns and Lances.*
2. http://www.leadershipnow.com/communicationquotes.html.
3. Obrigado ao coach corporativo Steve Scanlon por esta síntese inspirada desse princípio Carnegie. Suas reflexões e seus serviços podem ser acompanhados em http://www.buildingchampions.com ou www.realityandhope.com.
4. Jesus, ao repreender os líderes religiosos hipócritas de cidades galileias, conforme registrado em Mateus 12:34, *The New International Version Bible.*
5. A Regra de Ouro, ou Ética da Reciprocidade, aparece em praticamente todos os sistemas filosóficos e religiões e pode ser resumida na frase "faça aos outros o que você gostaria que fizessem para você" (N.T.).
6. No original, *soft skills.* Alguns tradutores e autores mantêm a expressão em inglês no texto em português. As competências interpessoais são indicadoras ou componentes da inteligência emocional. Quem chama desdenhosamente essas competências de *soft skills* as opõem às *hard skills*, competências técnicas (N.T.).
7. Essa citação é atribuída a ele, mas a fonte específica permanece desconhecida.
8. Shakespeare, *Macbeth.* Ato 5, cena 5, páginas 19-28.
9. Luc de Clapiers, Marquis de Vauvenargues, *Reflexões e máximas.* 1746.
10. Dr. John Andrew Holmes, *Wisdom in Small Doses.* Lincoln, Chicago: The University Publishing Company, 1927.
11. Tom Butler-Bowdon, *50 Clássicos da autoajuda.* São Paulo: Sextante, 2006.
12. http://www.time.com/time/specials/packages/0,28757,1984685,00.html.
13. Lynn Hirschberg, "The Self-Manufacture of Megan Fox". *The Times Magazine*, 11 de novembro de 2009.
14. Comunicações interpessoais ou sociais vistas como transações entre os participantes (N.T.).

PARTE 1: PRINCÍPIOS ESSENCIAIS

CAPÍTULO 1

15. http://thinkexist.com/quotes/adolf_hitler/.
16. http://thinkexist.com/quotes/martin_luther_king,_jr./.
17. Lori Culbert, "Ex-médico condenado por comentários no Facebook". *The Vancouver Sun*, 20 de novembro de 2010.
18. "Ryan Babel, do Liverpool, penalizado em US$ 16 mil por comentário no Twitter". http://news.bbc.co.uk/sport2/hi/football/teams/l/liverpool/9363567.stm, 17 de janeiro de 2011.
19. Ben Dirs, "Como o Twitter alterou as regras". http://www.bbc.co.uk/blogs/ben-dirs/2011/01/twitter_blog.html, 17 de janeiro de 2011.
20. http://www.proofpoint.com/outbound/.
21. Catharine Smith e Craig Kanalley, "Despedidos pelo Facebook: 13 publicações que encrencaram seus autores". *The Huffington Post*, 26 de julho de 2010.
22. "Garçonete demitida por comentário no Facebook". http://www.upi.com/Odd_News/2010/05/17/Waitress-fired-for-Facebook-comment/UPI-39861274136251/, 17 de maio de 2010.
23. Matthew J. Darnell, "Eagles despedem empregado que chamou o time de 'retardado' no Facebook". http://sports.yahoo.com/nfl/blog/shutdown_corner/post/Eagles-fire--employee-for-calling-them-retarted-?urn=nfl-146801, 9 de março de 2009.
24. "Funcionários da Farm Boy demitidos depois de críticas em site". http://www.canada.com/ottawacitizen/news/business/story.html?id=8b2bf234-06b4-419f-b5f7-35e3dc338637, 18 de janeiro de 2007.
25. Arthur Bright, "Facebook e o direito a reclamar on-line do seu chefe". http://www.citmedialaw.org/blog/2009/australias-facebook-five-and-right-whinge-about-your-boss--online, 18 de setembro de 2009.
26. http://www.baseballssteroidera.com/.
27. http://politicalticker.blogs.cnn.com/2008/07/09/jesse-jackson-apologizes-for-comments-critical-of-obama/.
28. Jesus, no famoso Sermão da Montanha. Mateus 7:2, *The New American Standard Bible*, 1995.
29. Philip Yancy, *Soul Survivors*. Galilee Trade, 2003.
30. http://www.time.com/time/magazine/article/0,9171,774701-3,00.html
31. Gilbert Keith Chesterton, *The Autobiography of G. K. Chesterton*. Ignatius Press, 2006.
32. http://en.wikipedia.org/wiki/G._K._Chesterton

CAPÍTULO 2

33. http://thinkexist.com/quotation/thought_is_the_blossom-language_the_bud--action/177845.html
34. *O discurso do rei*. The Weinstein Company e UK Film Council, 2010.
35. Uma famosa parábola que Jesus conta em Mateus 18:12 e Lucas 15:3-7 na Bíblia.
36. Clifton Fadiman e André Bernard, General Editors, *Bartlett's Book of Anecdotes*. Little, Brown and Company, 2000, p. 13.
37. Rick Warren, *Uma vida com propósitos*. Editora Vida.
38. Ralph Waldo Emerson, *The Conduct of Life*. VIII: Beauty, 1860.
39. Esse pensamento é citado por Ralph Waldo Emerson em seu ensaio "Goethe; ou, o Escritor", em *Representative Men* (1850), no qual atribui ou pelo menos credita sua inspiração ao poeta Johann Wolfgang von Goethe.
40. Ed Fuller, *You Can't Lead with Your Feet on the Desk*. Wiley, 2011, pp. 45-46.
41. Em uma entrevista com o escritor entre novembro de 2010 e janeiro de 2011.

CAPÍTULO 3

42. Josh Quittner com Rebecca Winters / Nova York. "Apple's New Core", *Time*, 14 de janeiro de 2002.
43. Em uma entrevista com o escritor em 14 de fevereiro de 2011.
44. Richard Norton Smith, "The Reagan Revelation: At 100, Why He Still Matters", *Time*, 7 de fevereiro de 2011, p. 30.
45. Michael Scherer e Michael Duffy, "The Role Model", *Time*, 7 de fevereiro de 2011, pp. 26-27.
46. Influenciando o comportamento humano (N.T.).
47. Harry Allen Overstreet, *Influencing Human Behavior*. W. W. Norton, 1925.
48. Matando a venda (N.T.).
49. Todd Duncan, *Killing the Sale*. Nelson Business, 2004.
50. Dr. Theodore Zeldin, *Conversação: como um bom papo pode mudar sua vida*. São Paulo: Record, 2001.
51. Todd Duncan, *Killing the Sale*. Nelson Business, 2004. As descrições foram ligeiramente revisadas com permissão.
52. As sete artes da mudança (N.T.).
53. David Shaner, *The Seven Arts of Change*. Union Square Press, 2010.
54. Contado por um redator de discursos presidenciais que foi entrevistado para este livro.

PARTE 2: SEIS MODOS DE CRIAR UMA IMPRESSÃO DURADOURA

CAPÍTULO 1

55. Inscrição no monumento de um cão terranova: "Memorial a Boatswain", por Lord Byron, Newstead Abbey, 30 de novembro de 1808.
56. Um ano de cão (N.T.).
57. Mateus 23:12, a Bíblia, *New International Version*, 1984.
58. Um agradecimento especial a Steve Beecham pela forma como articulou essa ideia em seu reconfortante tratado *Bass-Ackward - Business*.
59. De uma entrevista com um ex-redator de discursos presidenciais.
60. Do site de Anne Rice, http://www.annerice.com.
61. Ibid.
62. http://www.facebook.com/pages/Anne-Rice/112356685446315
63. Steve Beecham, *Bass Ackward Business*. Home Town Marketing, 2009.
64. Ibid.
65. Gíria americana que significa algo como "negócio totalmente ao contrário" ou "negócio do avesso"; ou seja, uma forma diferente de fazer negócios (N.T.).
66. Kris Ruby, "20 Best-Branded Women on Twitter", *Forbes*, 5 de agosto de 2010. http://www.forbes.com/2010/08/05/twitter-followers-social-media-marketing-online-community-forbes-woman-entrepreneurs-best-branded-women.html.
67. Amy Martin, "Give NASCAR a Chance", 25 de fevereiro de 2011.

CAPÍTULO 2

68. http://edition.cnn.com/2009/TECH/space/07/17/moon.landing.hoax/
69. http://www.gallup.com/poll/3712/landing-man-moon-publics-view.aspx
70. http://www.scrippsnews.com/911poll
71. http://ec.europa.eu/public_opinion/archives/ebs/ebs_225_report_en.pdf
72. http://www.aacd.com/index.php?module=cms&page=procedures/teethwhitening.asp&CTGTZO=-420&CTGTZL=-480
73. http://www.youtube.com/watch?v=_OBlgSz8sSM
74. http://hbswk.hbs.edu/archive/3123.html
75. http://www.edge.org/3rd_culture/christakis_fowler08/christakis_fowler08_index.html
76. O repórter perguntou "Quantos anos tem Cary Grant?" em linguagem telegráfica. Mas

a frase, em inglês, também pode ser compreendida como "Como está o velho Cary Grant?" Daí a resposta do ator: "O velho Cary Grant está bem. E você?" (N.T.).

77. http://email.about.com/od/emailtrivia/f/emails_per_day.htm
78. Kit Eaton, "New Twitter Research: Happy Tweeting Could Win Business", *Fast Company*, 16 de março de 2011, http://www.fastcompany.com/1739325/attention-corporate-tweeters-be-happy-when-twittering-it-could-win-business.
79. Rosalind Picard, *Affective Computing*. The MIT Press, 2000.
80. Chris Brogan, "Emotions at a Distance", 3 de janeiro de 2010, http://www.chrisbrogan.com/emotions-at-a-distance/.
81. http://www.wisdomcommons.org/wisbits/1274-a-smile-costs-nothing-but-gives.

CAPÍTULO 3

82. http://www.latimes.com/features/food/la-fo-pioneer23-2009sep23,0,623229.story e http://www.latimes.com/features/food/la-fo-pioneer-woman-cooks-pictures,0,6866860.photogallery.
83. http://www.saddlebackleather.com/19-saddleback-story#bag
84. Entrevista com Dave Munson em 18 de abril de 2011.
85. http://www.saddlebackleather.com/19-saddleback-story#bag
86. Ralph Waldo Emerson, *Letters and Social Aims*. James R. Osgood & Co, 1876.
87. Informação tirada de um artigo do blogue de Nagesh Belludi: http://www.rightattitudes.com/2007/12/11/the_art_of_remembering_names/.
88. Nicholas Carr, "The Wed Shatters Focus, Rewires Brains", *Wired*, 24 de maio de 2010.
89. Roger Ebert, "The quest for frisson", *Chicago Sun-Times*, 29 de maio de 2010, http://blogs.suntimes.com/ebert/2010/05/the_french_word_frisson_descri.html.
90. Informações fornecidas com a permissão do dr. Howard Fine e de J. D. Juo, paciente com tumor cerebral sob seus cuidados.

CAPÍTULO 4

91. http://www.davecarrollmusic.com/ubg/story/
92. http://www.davecarrollmusic.com/ubg/story/
93. http://www.timesonline.co.uk/tol/comment/columnists/chris_ayres/article6722407.ece
94. http://socialmediatoday.com/index.php?q=SMC/194763
95. Reproduzido a partir do manuscrito original de *Como fazer amigos e influenciar pessoas*.
96. http://www.washingtonpost.com/wp-dyn/content/article/2006/06/22/AR2006062201763.html

97. Jim Elliot e Elisabeth Elliot, "The Journals of Jim Elliot", *Revell*, 1978.

98. Entrevista com o autor. Os fatos dessa história são reais, mas o entrevistado pediu para permanecer anônimo por razões pessoais.

99. A United ofereceu a Carroll uma compensação de 3 mil dólares, que ele pediu que fossem doados a uma instituição de caridade relacionada à música.

CAPÍTULO 5

100. Clifton Fadiman e André Bernard. *Bartlett's Book of Anecdotes*. Nova York: Little, Brown, 2000, p. 489.

101. Ibid, p. 525.

102. Agradeço à blogueira Valeria Maltoni por sua referência ao blogue Doc Searls, de 21 de março de 2005, disponível em http://doc-weblogs.com/2005/03/21#becauseCustomerRelationshipManagementIsAboutManagementMoreThanCustomers.

103. Valeria Maltoni, "Everyone Is Wrong about Influence". Do seu blogue *Conversation Agent*, 7 de julho de 2010, http://www.conversationagent.com/2010/07/everyone-is-wrong-about-influence.html.

104. Em entrevista com o autor em janeiro de 2011.

105. Seis pixels de separação (N.T.).

106. Mitch Joel, "Making Sense of the Mess", 8 de março de 2011, http://www.twistimage.com/blog/archives/making-sense-of-the-mess/.

107. Como foi contado a um ex-redator de discursos presidenciais que foi entrevistado para este livro.

108. http://technology.timesonline.co.uk/tol/news/tech_and_web/the_web/article6999879.ece.

109. Mitch Joel, "Making Sense of the Mess", 8 de março de 2011, http://www.twistimage.com/blog/archives/making-sense-of-the-mess/.

CAPÍTULO 6

110. Em uma série de entrevistas com o autor ao longo de 2010 e 2011. Os serviços e pensamentos de Steve Scanlon podem ser conferidos em at www.buildingchampions.com e www.realityandhope.com.

111. Estratégia de venda segundo a qual o vendedor oferece um complemento ao produto que está sendo comprado (N.T.).

112. Caroline Wyatt, "Fans hail Mona Lisa's new setting", 6 de abril de 2005, http://news.bbc.co.uk/2/hi/europe/4418425.stm.

113. Em entrevista com o autor em 28 de dezembro de 2010.
114. *High-Five* é um cumprimento em que duas pessoas batem as palmas da mão, acima da cabeça, com os dedos estendidos (N.T.).
115. David Brooks, "High Five Nation", *New York Times,* 15 de setembro de 2009, http://www.nytimes.com/2009/09/15/opinion/15brooks.html?_r=2&ref=opinion
116. David Brooks, "High Five Nation", *New York Times,* 15 de setembro de 2009, http://www.nytimes.com/2009/09/15/opinion/15brooks.html?_r=2&ref=opinion
117. Jesus, no famoso Sermão da Montanha. Mateus 7:12, *New International Version Bible,* 2011.
118. Richard Norton Smith, "Reagan Revelation: At 100, Why He Still Matters", 6 de fevereiro de 2011, http://www.time.com/time/nation/article/0,8599,2044565,00.html.

PARTE 3: COMO MERECER E MANTER A CONFIANÇA DOS OUTROS

CAPÍTULO 1

119. Nancy Gibbs e Michael Duffy, *The Preacher and the Presidents.* Center Street, 2007, pp. 46, 47, 48.
120. http://business.timesonline.co.uk/tol/business/industry_sectors/natural_resources/article7141137.ece.
121. Liz Robbins, "BP Chief Draws Outrage for Attending Yacht Race", *New York Times,* 19 de junho de 2010.
122. http://topics.nytimes.com/top/reference/timestopics/people/d/luiz_inacio_lula_da_silva/index.html
123. "Lula, In His Own Words", 19 de setembro de 2008, http://www.time.com/time/world/article/0,8599,1842949,00.html.
124. Entrevista com o autor em 25 de março de 2011. Os pensamentos e serviços de Esther Jeles podem ser encontrados em www.ayletinc.com.

CAPÍTULO 2

125. National Football League – A liga profissional de futebol americano dos EUA (N.T.).
126. Liga profissional de hóquei dos EUA (N.T.).
127. http://www.forbes.com/2011/03/14/nfl-nhl-contracts-opinions-contributors-deepak-malhotra.html
128. http://www.wisdomcommons.org/virtue/56-friendliness/quotes.
129. http://www.nature.com/nature/journal/v464/n7289/full/464674a.html.

130. J. Madeleine Nash, "Francis Collins: DNA Helmsman", *Time*, 25 de dezembro de 2000, http://www.time.com/time/magazine/article/0,9171,998873,00.html

CAPÍTULO 3

131. *Innings* são as partes do jogo de beisebol, assim como os *sets* em outros esportes. No beisebol americano um jogo é disputado em 9 innings. Em caso de empate, novos innings são disputados até ocorrer o desempate (N.T.).
132. *Home run* ocorre quando o rebatedor, em uma jogada válida, envia a bola para fora do alcance do time adversário. Com isso ele consegue fazer a volta toda no losango, voltando à base, e marcando um ponto (N.T.).
133. http://www.weather.gov/om/lightning/medical.htm
134. Mike Sunnucks, "PR experts: Tiger Woods could lose endorsements, needs to show sincerity in wake of affairs", *Phoenix Business Journal*, 2 de dezembro de 2009.
135. Richard Norton Smith, "The Reagan Revelation: At 100 Why He Still Matters", *Time*, February 7, 2011.
136. *Ivy League* é uma liga esportiva que reúne oito universidades americanas. Assim, passou-se a usar o termo para designar coletivamente essas instituições: Brown University, Columbia University, Cornell University, Dartmouth College, Harvard University, Princeton University, University of Pennsylvania e Yale University. São universidades que se destacam pela excelência acadêmica e pelo elitismo social (N.T.).

CAPÍTULO 4

137. John C. Maxwell, *As 21 irrefutáveis leis da liderança*. Ediouro-Sinergia, 2007.
138. David Shaner, *The Seven Arts of Change*. Union Square Press, 2010.
139. Sisella Bok, *Lying: Moral Choice in Public and Private Life*. Pantheon Books, 1978, p. 26
140. http://www.wisdomcommons.org/wisbits/2448-i-don-t-like-that-man-i-must.
141. Gary Vaynerchuk, *The Thank You Economy*. Harper Business, 2011, conforme transcrito aqui: http://www.entrepreneur.com/article/219296.
142. Gary Vaynerchuk, *The Thank You Economy*. Harper Business, 2011, conforme transcrito aqui: http://www.entrepreneur.com/article/219296.
143. Frase atribuída a São Basílio Magno.

CAPÍTULO 5

144. John C. Maxwell, *As 21 irrefutáveis leis da liderança*. Ediouro-Sinergia, 2007.

145. Josh Bernoff e Ted Schadler, *Empowered.* Campus, 2010.

146. Chris Brogan, "The Snowfall of Communication", publicado em seu blogue, 4 de fevereiro de 2011, http://www.chrisbrogan.com/thesnowfall/.

CAPÍTULO 6

147. August Turak, "Giving Away Credit; Is It Worth It?". 8 de novembro de 2010, http://blogs.forbes.com/augustturak/2010/11/08/giving-away-credit-is-it-worth-it/.

148. Ibid. *Bartlett's Book of Anecdotes*, p. 545

149. http://www.time.com/time/nation/article/0,8599,2044565,00.html.

CAPÍTULO 7

150. Gerald Nirenberg, *Getting Through to People.* Engledwood Cliffs, NJ: Prentice Hall, 1963, p. 31.

CAPÍTULO 8

151. John Eldredge, *Wild at Heart.* Thomas Nelson, 2001, p. 18.

152. Livre para trabalhar (N.T.).

153. http://www.thedigitalroyalty.com/2011/the-business-of-humanity/, reproduzido com permissão.

CAPÍTULO 9

154. http://marketplace.publicradio.org/display/web/2010/11/15/pm-making-cotton-the--fabric-of-our-lives/

155. http://marketplace.publicradio.org/display/web/2010/11/15/pm-making-cotton-the--fabric-of-our-lives/

156. http://marketplace.publicradio.org/display/web/2010/11/15/pm-making-cotton-the--fabric-of-our-lives/

157. http://www.networkworld.com/news/2011/030311-apple-google-admired-fortune.html

158. http://www.conversationagent.com/2011/03/buy-one-give-one-free-toms-shoes.html.

159. http://www.thedigitalroyalty.com/2011/live-streaming-ah-the-possibilities/.

CAPÍTULO 10

160. *National Basketball Association* – liga de basquete profissional dos EUA (N.T.).

161. *National Collegiate Athletic Association* – associação de esportes universitários dos EUA (N.T.).

162. *When the Game Was Ours,* Larry Bird & Earvin Johnson, Jr., Houghton MIfflin Harcourt.

163. Provérbios 27:17, Bible, *New International Version,* 2011.

164. Justin Levy, "Coca-Cola's Happiness Machine", 20 de janeiro de 2011. http://justinrlevy.com/2010/01/20/coca-colas-happiness-machine/.

165. Peter Lewis, "AOL vs Microsoft: Now It's War", CNN Money, 23 de julho de 2001. http://money.cnn.com/magazines/fortune/fortune_archive/2001/07/23/307401/index.htm.

166. Edmund Morris, *The Rise of Theodore Roosevelt.* Random House, 2010.

167. Tamara Audi, "Latest Prize in Celebrity Auction is a Tweet, Not a Meet-and-Greet", Wall Street Journal, 23 de setembro de 2010. http://online.wsj.com/article/SB10001424052748703860104575507581416301748.html?mod=wsj_share_twitter

PARTE 4: COMO CONDUZIR A MUDANÇA SEM RESISTÊNCIA NEM RESSENTIMENTO

CAPÍTULO 1

168. Max DePree, *Leadership Is an Art.* Doubleday Business, 1989.

169. Sanjiv Ekbote: Dale Carnegie Lession 1: Begin with praise and honest appreciation, publicado no blogue em omnikron.typepad.com/bookclub/2005/08/sanjiv_ekbote_d.html.

170. Ray B. Williams, "Why We Love Bad News", www.psychologytoday.com, 30 de dezembro de 2010.

171. O estudo da formação de impressões tem sido popular desde a década de 1950. A atenção a traços negativos já foi considerada mais forte do que é hoje, de acordo com estudos recentes. Mas mesmo esses estudos indicam que traços ou comportamentos percebidos como negativos afetam a formação de uma impressão mais do que os percebidos como positivos.

172. Sidney Shrauger, Saul E. Rosenberg, "Self-esteem and the effects of success and failure feedback on performance", *Journal of Personality*, v. 38, i. 3, setembro de 1970.

173. Trent Lorcher, "Leadership Principles for Teachers", http://www.brighthub.com/education/k-12/articles/8881.aspx.

174. Robert Sutton, *Bom chefe, mau chefe.* Bookman Companhia Ed., 2010.

175. Sidney Rosen & Abraham Tesser, "On reluctance to communicate undesirable information: The MUM effect", *Sociometry*, v. 33, n. 3, setembro de 1970.

176. Robert Sutton, "The Mum Effect and Filtering in Organizations: The 'Shoot the Messenger' Problem", *Psychology Today*.com, 5 de junho de 2010.

177. Dale Carnegie & Associados, *O líder em você.* Best Seller, 2010.

CAPÍTULO 2

178. O que trouxe você até aqui não vai levá-lo adiante (N.T.).
179. Marshall Goldsmith, *What Got You Here Won't Get You There*. Hyperion, 2007.
180. "Leaders Who Admit Mistakes Can Quickly Advance Their Careers", blogue IHHP, 21 de maio de 2010. http://www.ihhp.com/speaking-coaching-training-blog/leadership-training/leaders-admit-mistakes-quickly-advance-careers/
181. John C. Maxwell, *Dando a volta por cima*. Editora Mundo Cristão, 2001.
182. Portia Nelson, *There's a Hole in My Sidewalk*. Atria Books, 1994.
183. Marshall Goldsmith, *What Got You Here Won't Get You There*. Hyperion, 2007.

CAPÍTULO 3

184. *Los Angeles Times*, 6 de agosto de 1982.
185. John C. Maxwell, *As 21 irrefutáveis leis da liderança*, Ediouro-Sinergia, 2007.
186. Kerry Patterson, Joseph Grenny, David Maxfield, Ron McMillan e Al Switzler, *As leis da influência*. Elsevier/Campus, 2007.

CAPÍTULO 4

187. D. Michael Abrashoff, *Este barco também é seu*. Cultrix, 2006.
188. Exame dos EUA semelhante em objetivos ao Enem brasileiro (N.T.).
189. Ed Fuller, *You Can't Lead with Your Feet on the Desk*: Building Relationships, Breaking Down Barriers, and Delivering Profits. Wiley, 2011.
190. Herbert H. Meyer, "Self-appraisal of Job Performance", *Personnel Psychology*, v. 33, i. 2, junho de 1980.

CAPÍTULO 5

191. Clifton Fadiman e André Bernard (ed.), *Bartlett's Book of Anecdotes*. Little, Brown, 2000.
192. Robert Sutton, *Bom chefe, mau chefe* Bookman Companhia Ed., 2010.
193. *Perdoar e lembrar: administrando erros médicos* (N.T.).
194. Charles L. Bosk, *Forgive and Remember: Managing Medical Failure*. University of Chicago Press, 2003.
195. Fiona Lee, "The Fear Factor", *Harvard Business Review*, janeiro 2001.
196. Brian O'Keefe, "Battle-tested: From soldier to business leader", *Fortune*, 8 de março de 2010.
197. Dale Carnegie & Associados, *O líder em você*. Best Seller, 2010.

CAPÍTULO 6

198. Chicago Hotel Combines Social Media and Employee Recognition, 5 de agosto de 2010, http://www.prweb.com/releases/chicagohotel/socialmedia/prweb4347154.htm.

199. Wallace tem que ganhar (N.T.).

200. Gerald H. Graham, *Understanding Human Relations: The Individual, Organization, and Management*. SRA Publishing Company, 1982.

201. Primeiro, quebre todas as regras (N.T.).

202. Center for Management & Organization Effectiveness, "5 Ways to Give Praise: Small Efforts With a Huge Return", artigo de blogue, http://www.cmoe.com/blog/5-ways-to--give-praise-small-efforts-with-a-huge-return.htm.

203. D. Michael Abrashoff, *Este barco também é seu*. Cultrix, 2006.

204. Timothy Evans, "The Tools of Encouragement", CYC-Online, The International Child and Youth Care Network, Issue 73, fevereiro de 2005.

205. Jon Carlson, L. Sperry, and D. Dinkmeyer, "Marriage maintenance: How to stay healthy", Topics in Family Counseling & Psychology, 1, 1992.

CAPÍTULO 7

206. Rosamund Stone Zander e Benjamin Zander, *A arte da possibilidade*. Campus, 2001.

CAPÍTULO 8

207. Kerry Patterson, Joseph Grenny, Ron McMillan, Al Switzer, *Conversas decisivas*. Lua de Papel, 2010.

208. Amy Martin, "Celebrity Shares Phone Number with 4.3+ Million Fans", Digital Royalty blog, 30 de agosto, 2010, www.thedigitalroyalty.com/2010/celebrity-shares-phone-number-with-4-3-million-fans-2/.

209. Greg Ferenstein, "How Dana White Built a UFC Empire with Social Media", Mashable, 8 de junho de 2010, www.mashable.com/2010/06/08/dana-white-ufc-social-media.

210. Dr. Tim Irwin, "The Compass of a Leader", December 21, 2009, http://www.drtimirwin.com/newsletter-122109.html.

211. Deixe o meu povo surfar (N.T.).

212. Yvon Choinard, *Let My People Go Surfing*. Penguin, 2005.

213. Matthew Kelly, *O administrador de sonhos*. São Paulo: Sextante, 2008.

214. Richard Branson, "Richard Branson on 'Social Relations'", 8 de fevereiro de 2011, http://www.entrepreneur.com/article/218098.

Também de Dale Carnegie

- Como fazer amigos e influenciar pessoas
- Como evitar preocupações e começar a viver
- Como desfrutar sua vida e seu trabalho
- Como falar em público e influenciar pessoas no mundo dos negócios
- Lincoln, esse desconhecido

Também de Dale Carnegie Training

- As cinco habilidades essenciais do relacionamento
- Liderança – como superar-se e desafiar os outros a fazer o mesmo

Também de Dale Carnegie & Associados

- Como fazer amigos e influenciar pessoas – para adolescentes (apresentado por Donna Dale Carnegie)

CONHEÇA A DALE CARNEGIE TRAINING NO BRASIL.
Acesse: www.br.dale-carnegie.com

Este livro foi publicado em 2011 pela Companhia Editora Nacional.
Impresso em São Paulo pela IBEP Gráfica.